令和4年版
高齢社会白書

内閣府

高齢社会白書の刊行に当たって

内 閣 府 特 命 担 当 大 臣

若宮健嗣

　高齢社会白書は、平成7年に施行された「高齢社会対策基本法」に基づき、毎年国会に提出している年次報告です。今回は平成8年から数え、27回目となります。

　我が国では、非常に速い速度で高齢化が進展し、令和3年時点で65歳以上の人口は3,621万人、総人口に占める65歳以上の割合（高齢化率）は28.9%となっています。

　一方で、我が国は、世界有数の長寿国であるのみならず、就業や社会参加への意欲を持ち続ける高齢者も多く、体力や運動能力も一貫して向上傾向にあります。これらは、雇用や教育、健康などにおける我が国のこれまでの諸施策の推進と国民一人一人が取り組んできた努力の成果と考えています。

　今回の白書の特集では、高齢者の日常生活や社会活動等への参加に関する意識や実態についての調査を取り上げました。
　調査結果を「生きがい」に着目して分析したところ、近所づきあいを行ったり、親しい友人・仲間を持ったり、あるいは、情報機器を利用したりしている方のほうが、生きがいを感じている傾向が高いことなどが確認されています。

　政府としては、高齢者が生きがいを持ち続けることができるよう、身近な地域での居場所づくりや、デジタルデバイド解消に向けた支援等をはじめ、今後とも高齢社会対策にしっかりと取り組んでまいります。

　この白書が、国民の皆様に広く活用され、高齢社会対策に対する理解と関心が一層深まるとともに、国民一人一人が年齢にかかわらず意欲と能力に応じて力を発揮できる社会を築いていく上での一助となれば幸いです。

令和4年7月

令和 3 年度　高齢化の状況及び高齢社会対策の実施状況

第1章　高齢化の状況

第2章　令和3年度高齢社会対策の実施の状況

令和4年度　高齢社会対策

第3章　令和4年度高齢社会対策

資　料
目　次

第1章　高齢化の状況

第2章　令和３年度高齢社会対策の実施の状況

令和3年度

高齢化の状況及び高齢社会対策の実施状況

令和3年度

高齢化の状況及び高齢社会対策の実施状況

■ 第1章　高齢化の状況

第1章　高齢化の状況

第1節　高齢化の状況

1　高齢化の現状と将来像

（1）高齢化率は28.9%

我が国の総人口は、令和3年10月1日現在、1億2,550万人となっている。

65歳以上人口は、3,621万人となり、総人口に占める割合（高齢化率）も28.9%となった。

65歳以上人口を男女別に見ると、男性は1,572万人、女性は2,049万人で、性比（女性人口100人に対する男性人口）は76.7であり、男性対女性の比は約3対4となっている。

65歳以上人口のうち、「65～74歳人口」は1,754万人（男性839万人、女性915万人）で総人口に占める割合は14.0%となっている。ま

た、「75歳以上人口」は1,867万人（男性733万人、女性1,134万人）で、総人口に占める割合は14.9%であり、65～74歳人口を上回っている（表1－1－1）。

我が国の65歳以上人口は、昭和25年には総人口の5%に満たなかったが、昭和45年に7%を超え、さらに、平成6年には14%を超えた。高齢化率はその後も上昇を続け、令和3年10月1日現在、28.9%に達している。

また、15～64歳人口は、平成7年に8,716万人でピークを迎え、その後減少に転じ、令和3年には7,450万人と、総人口の59.4%となった（図1－1－2）。

表1－1－1　高齢化の現状

単位：万人（人口）、%（構成比）

| | | 令和3年10月1日 | | |
		総数	男	女
人口	総人口	12,550	6,102	6,448
			（性比）　94.6	
	65歳以上人口	3,621	1,572	2,049
			（性比）　76.7	
	65～74歳人口	1,754	839	915
			（性比）　91.7	
	75歳以上人口	1,867	733	1,134
			（性比）　64.7	
	15～64歳人口	7,450	3,772	3,678
			（性比）102.6	
	15歳未満人口	1,478	757	721
			（性比）105.0	
構成比	総人口	100.0	100.0	100.0
	65歳以上人口（高齢化率）	28.9	25.8	31.8
	65～74歳人口	14.0	13.8	14.2
	75歳以上人口	14.9	12.0	17.6
	15～64歳人口	59.4	61.8	57.0
	15歳未満人口	11.8	12.4	11.2

資料：総務省「人口推計」令和3年10月1日（令和2年国勢調査を基準とする推計値）
（注1）「性比」は、女性人口100人に対する男性人口
（注2）四捨五入の関係で、足し合わせても100.0%にならない場合がある。

（2）将来推計人口で見る令和47（2065）年の日本

平成29年4月に国立社会保障・人口問題研究所が公表した「日本の将来推計人口」における出生中位・死亡中位仮定による推計結果（以下本節においては全てこの仮定に基づく推計結果）を概観する。将来推計人口とは、全国の将来の出生、死亡及び国際人口移動について仮定を設け、これらに基づいて我が国の将来の人口規模並びに年齢構成等の人口構造の推移について推計したものである。

ア　9,000万人を割り込む総人口

我が国の総人口は、長期の人口減少過程に入っており、令和11年に人口1億2,000万人を下回った後も減少を続け、令和35年には1億人を割って9,924万人となり、令和47年には8,808万人になると推計されている（図1－1－2）。

イ　約2.6人に1人が65歳以上、約3.9人に1人が75歳以上

65歳以上人口は、「団塊の世代」が65歳以上となった平成27年に3,379万人となり、「団塊の世代」が75歳以上となる令和7年には3,677万人に達すると見込まれている。

その後も65歳以上人口は増加傾向が続き、令和24年に3,935万人でピークを迎え、その後は減少に転じると推計されている。

総人口が減少する中で65歳以上の者が増加することにより高齢化率は上昇を続け、令和18年に33.3％となり、国民の3人に1人が65歳以上の者となる。令和24年以降は65歳以上人口が減少に転じても高齢化率は上昇を続け、令和47年には38.4％に達して、国民の約2.6人に1人が65歳以上の者となる社会が到来すると推計されている。総人口に占める75歳以上人口の割合は、令和47年には25.5％となり、約3.9人に1人が75歳以上の者となると推計されている。

COLUMN コラム

「高齢者」とは

高齢者の用語は文脈や制度ごとに対象が異なり、一律の定義がない。「高齢社会対策大綱」（平成30年2月閣議決定）では、便宜上、一般通念上の「高齢者」を広く指す語として用いている。本白書においても、各種の統計や制度の定義に従う場合のほかは、一般通念上の「高齢者」を広く指す語として用いることとする。

なお、高齢者の定義と区分に関しては、日本老年学会・日本老年医学会「高齢者に関する定義検討ワーキンググループ報告書」（平成29年3月）において、近年の高齢者の心身の老化現象に関する種々のデータの経年的変化を検討した結果、特に65～74歳では心身の健康が保たれており、活発な社会活動が可能な人が大多数を占めていることや、各種の意識調査で従来の65歳以上を高齢者とすることに否定的な意見が強くなっていることから、75歳以上を高齢者の新たな定義とすることが提案されている。

また、「高齢社会対策大綱」においても、「65歳以上を一律に『高齢者』と見る一般的な傾向は、現状に照らせばもはや現実的なものではなくなりつつある。」とされている。

※なお、本白書では原則として65歳以上75歳未満、75歳以上に分けて記載している。

65歳以上人口のうち、65〜74歳人口は「団塊の世代」が高齢期に入った後に平成28年の1,767万人でピークを迎えた。その後は、増減を繰り返し、令和23年の1,715万人に至った後、減少に転じると推計されている。

一方、75歳以上人口は、令和36年まで増加傾向が続くものと見込まれている（図1−1−2）。

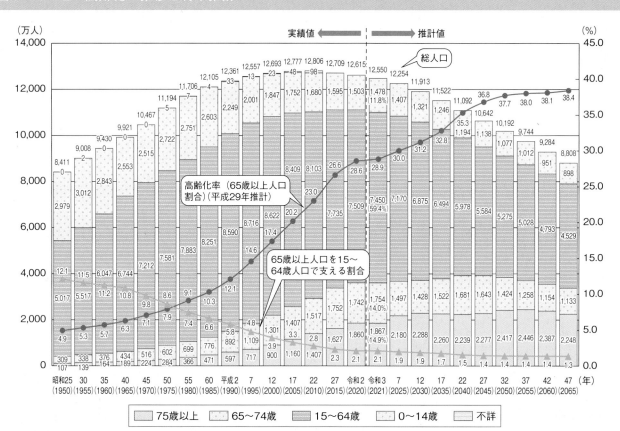

図1−1−2　高齢化の推移と将来推計

資料：棒グラフと実線の高齢化率については、2020年までは総務省「国勢調査」（2015年及び2020年は不詳補完値による。）、2021年は総務省「人口推計」（令和3年10月1日現在（令和2年国勢調査を基準とする推計値））、2025年以降は国立社会保障・人口問題研究所「日本の将来推計人口(平成29年推計)」の出生中位・死亡中位仮定による推計結果
（注1）2015年及び2020年の年齢階級別人口は不詳補完値によるため、年齢不詳は存在しない。2021年の年齢階級別人口は、総務省統計局「令和2年国勢調査」（不詳補完値）の人口に基づいて算出されていることから、年齢不詳は存在しない。2025年以降の年齢階級別人口は、総務省統計局「平成27年国勢調査　年齢・国籍不詳をあん分した人口（参考表）」による年齢不詳をあん分した人口に基づいて算出されていることから、年齢不詳は存在しない。なお、1950〜2010年の高齢化率の算出には分母から年齢不詳を除いている。ただし、1950年及び1955年において割合を算出する際には、（注2）における沖縄県の一部の人口を不詳には含めないものとする。
（注2）沖縄県の昭和25年70歳以上の外国人136人（男55人、女81人）及び昭和30年70歳以上23,328人（男8,090人、女15,238人）は65〜74歳、75歳以上の人口から除き、不詳に含めている。
（注3）将来人口推計とは、基準時点までに得られた人口学的データに基づき、それまでの傾向、趨勢を将来に向けて投影するものである。基準時点以降の構造的な変化等により、推計以降に得られる実績や新たな将来推計との間には乖離が生じ得るものであり、将来推計人口はこのような実績等を踏まえて定期的に見直すこととしている。
（注4）四捨五入の関係で、足し合わせても100.0%にならない場合がある。

4

ウ 現役世代1.3人で1人の65歳以上の者を支える社会の到来

　65歳以上人口と15～64歳人口の比率を見ると、昭和25年には65歳以上の者1人に対して現役世代（15～64歳の者）12.1人がいたのに対して、令和2年には65歳以上の者1人に対して現役世代2.1人になっている。今後、高齢化率は上昇し、現役世代の割合は低下し、令和47年には、65歳以上の者1人に対して現役世代1.3人という比率になる（図1－1－2）。

エ 年少人口、出生数とも現在の6割程度に、生産年齢人口は4,529万人に

　出生数は減少を続け、令和47年には56万人になると推計されている。この減少により、年少人口（0～14歳）は令和38年に1,000万人を割り、令和47年には898万人と、令和3年の6割程度になると推計されている。

　出生数の減少は、生産年齢人口にまで影響を及ぼし、令和11年に6,951万人と7,000万人を割り、令和47年には4,529万人となると推計されている。

　一方、65歳以上人口の増大により死亡数は増加、死亡率（人口1,000人当たりの死亡数）は上昇を続け、令和47年には17.7になると推計されている（図1－1－3）。

図1－1－3　出生数及び死亡数の将来推計

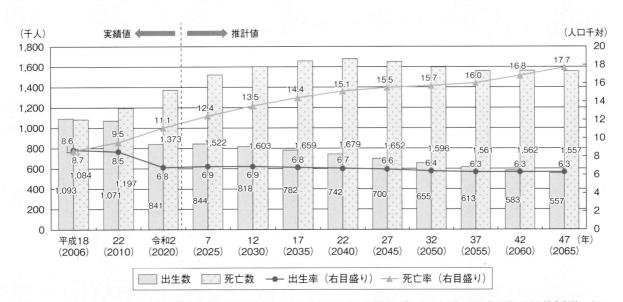

資料：2006年、2010年、2020年は厚生労働省「人口動態統計」による出生数及び死亡数（いずれも日本人）。2025年以降は国立社会保障・人口問題研究所「日本の将来推計人口（平成29年推計）」の出生中位・死亡中位仮定による推計結果（日本における外国人を含む。）

5

オ　将来の平均寿命は男性84.95年、女性91.35年

　我が国の平均寿命は、令和2年現在、男性81.56年、女性87.71年と、前年に比べて男性は0.15年、女性は0.26年上回った。今後、男女とも平均寿命は延びて、令和47年には、男性84.95年、女性91.35年（死亡中位仮定）となり、女性は90年を超えると見込まれている（図1－1－4）。

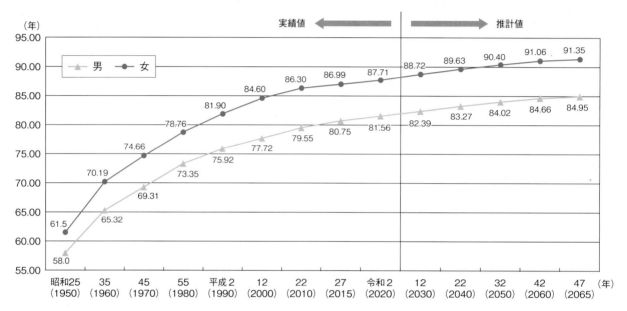

図1－1－4　平均寿命の推移と将来推計

資料：1950年は厚生労働省「簡易生命表」、1960年から2020年までは厚生労働省「完全生命表」、2030年以降は、国立社会保障・人口問題研究所「日本の将来推計人口（平成29年推計）」の出生中位・死亡中位仮定による推計結果
（注）　1970年以前は沖縄県を除く値である。0歳の平均余命が「平均寿命」である。

2　高齢化の国際的動向

（1）世界の高齢化は急速に進展

　令和2（2020）年の世界の総人口は77億9,480万人であり、令和42（2060）年には101億5,147万人になると見込まれている。

　総人口に占める65歳以上の者の割合（高齢化率）は、昭和25（1950）年の5.1％から令和2（2020）年には9.3％に上昇しているが、さらに令和42（2060）年には17.8％にまで上昇するものと見込まれており、今後40年で高齢化が急速に進展することになる。地域別に高齢化率の今後の推計を見ると、これまで高齢化が進行してきた先進地域はもとより、開発途上地域においても、高齢化が急速に進展すると見込まれている（表1－1－5）。

（2）我が国は世界で最も高い高齢化率である

　先進諸国の高齢化率を比較して見ると、我が国は昭和55（1980）年代までは下位、平成2（1990）年代にはほぼ中位であったが、平成17（2005）年には最も高い水準となり、今後も高水準が続くと見込まれている（図1－1－6）。

表1−1−5　世界人口の動向等

	昭和25（1950）年	令和2（2020）年	令和42（2060）年 ※中位推計
総　人　口	2,536,431　千人	7,794,799　千人	10,151,470　千人
65歳以上人口	128,709　千人	727,606　千人	1,810,398　千人
先進地域	62,737　千人	245,648　千人	357,344　千人
開発途上地域	65,972　千人	481,959　千人	1,453,053　千人
65歳以上人口比率	5.1　%	9.3　%	17.8　%
先進地域	7.7　%	19.3　%	28.2　%
開発途上地域	3.8　%	7.4　%	16.4　%
平均寿命（男性）	45.49　年	69.92　年	76.29　年
同　　（女性）	48.49　年	74.72　年	80.64　年
合計特殊出生率	4.97	2.47	2.11

資料：UN, World Population Prospects：The 2019 Revision
（注1）合計特殊出生率及び平均寿命は1950−1955年、2015−2020年、2060−2065年
（注2）先進地域とは、ヨーロッパ、北部アメリカ、日本、オーストラリア及びニュージーランドからなる地域をいう。
　　　　開発途上地域とは、アフリカ、アジア（日本を除く。）、中南米、メラネシア、ミクロネシア及びポリネシアからなる地域をいう。

図1−1−6　世界の高齢化率の推移

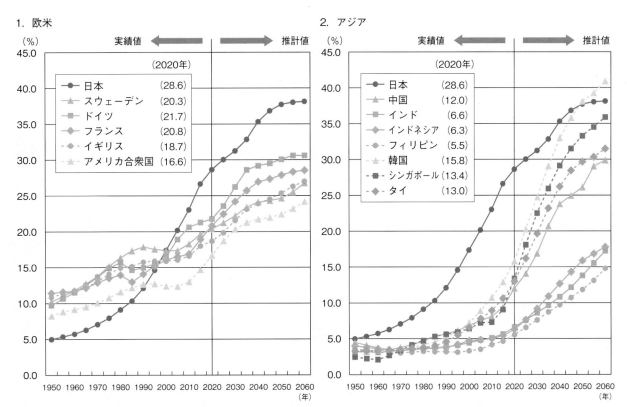

資料：UN, World Population Prospects：The 2019 Revision
　　　ただし日本は、2020年までは総務省「国勢調査」、2025年以降は国立社会保障・人口問題研究所「日本の将来推計人口（平成29年推計）」
　　　の出生中位・死亡中位仮定による推計結果による。

高齢化の速度について、高齢化率が7％を超えてからその倍の14％に達するまでの所要年数（倍加年数）によって比較すると、フランスが126年、スウェーデンが85年、アメリカが72年、比較的短い英国が46年、ドイツが40年であるのに対し、我が国は、昭和45（1970）年に7％を超えると、その24年後の平成6（1994）年には14％に達した。一方、アジア諸国に目を移すと、韓国が18年、シンガポールが17年など、今後、一部の国でも我が国を上回るスピードで高齢化が進むことが見込まれている（図1－1－7）。

図1－1－7　主要国における高齢化率が7％から14％へ要した期間

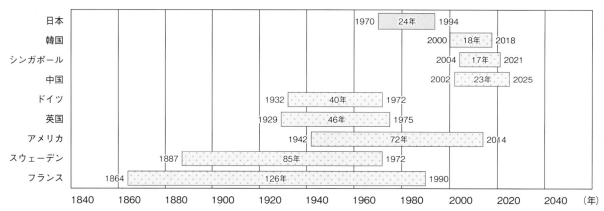

資料：国立社会保障・人口問題研究所「人口統計資料集」（2022年）
（注）1950年以前はUN, The Aging of Population and Its Economic and Social Implications (Population Studies, No.26, 1956)及びDemographic Yearbook、1950年以降はUN, World Population Prospects：The 2019Revision（中位推計）による。ただし、日本は総務省統計局「国勢調査」、「人口推計」による。1950年以前は既知年次のデータを基に補間推計したものによる。

3 家族と世帯

（1）65歳以上の者のいる世帯は全世帯の約半数

65歳以上の者のいる世帯について見ると、令和元年現在、世帯数は2,558万4,000世帯と、全世帯（5,178万5,000世帯）の49.4%を占めている。

昭和55年では世帯構造の中で三世代世帯の割合が一番多く、全体の半数を占めていたが、令和元年では夫婦のみの世帯及び単独世帯がそれぞれ約3割を占めている（図1－1－8）。

図1－1－8 65歳以上の者のいる世帯数及び構成割合（世帯構造別）と全世帯に占める65歳以上の者がいる世帯の割合

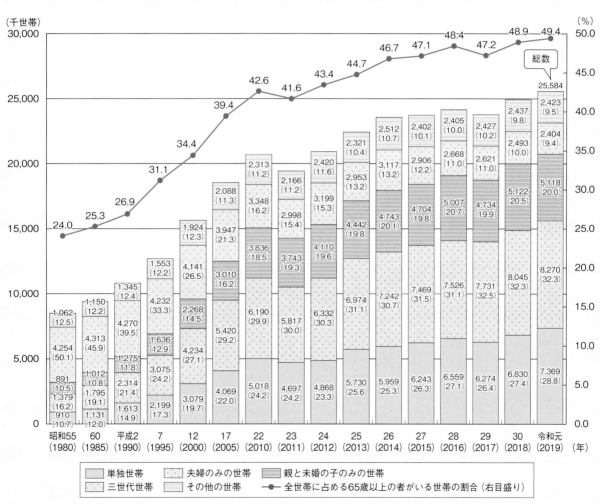

凡例：単独世帯　夫婦のみの世帯　親と未婚の子のみの世帯　三世代世帯　その他の世帯　●全世帯に占める65歳以上の者がいる世帯の割合（右目盛り）

資料：昭和60年以前の数値は厚生省「厚生行政基礎調査」、昭和61年以降の数値は厚生労働省「国民生活基礎調査」による。
（注1）平成7年の数値は兵庫県を除いたもの、平成23年の数値は岩手県、宮城県及び福島県を除いたもの、平成24年の数値は福島県を除いたもの、平成28年の数値は熊本県を除いたものである。
（注2）（ ）内の数字は、65歳以上の者のいる世帯総数に占める割合（%）
（注3）四捨五入のため合計は必ずしも一致しない。

(2) 65歳以上の一人暮らしの者が増加傾向

　65歳以上の一人暮らしの者は男女ともに増加傾向にあり、昭和55年には65歳以上の男女それぞれの人口に占める割合は男性4.3％、女性11.2％であったが、令和2年には男性15.0％、女性22.1％となっている（図1－1－9）。

図1－1－9　65歳以上の一人暮らしの者の動向

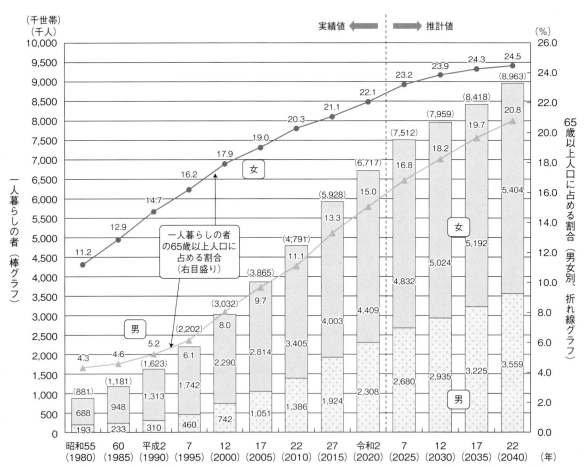

資料：令和2年までは総務省「国勢調査」による人数、令和7年以降は国立社会保障・人口問題研究所「日本の世帯数の将来推計（全国推計）」（2018（平成30）年推計）による世帯数
（注1）「一人暮らし」とは、上記の調査・推計における「単独世帯」又は「一般世帯（1人）」のことを指す。
（注2）棒グラフ上の（　）内は65歳以上の一人暮らしの者の男女計
（注3）四捨五入のため合計は必ずしも一致しない。

4 地域別に見た高齢化

令和3年現在の高齢化率は、最も高い秋田県で38.1%、最も低い東京都で22.9%となっている。今後、高齢化率は、全ての都道府県で上昇し、令和27年には、最も高い秋田県では50.1%となり、最も低い東京都でも、30%を超えて30.7%に達すると見込まれている。また、首都圏を見ると、埼玉県の高齢化率は、令和3年の27.2%から8.6ポイント上昇し、令和27年には35.8%に、神奈川県では25.7%から9.5ポイント上昇し35.2%になると見込まれるなど、今後、我が国の高齢化は、大都市圏を含めて全国的な広がりを見ることとなる（表1-1-10）。

表1-1-10 都道府県別高齢化率の推移

	令和3年（2021）			令和27年（2045）	高齢化率の伸び（ポイント）
	総人口（千人）	65歳以上人口（千人）	高齢化率（%）	高齢化率（%）	
北海道	5,183	1,686	32.5	42.8	10.3
青森県	1,221	419	34.3	46.8	12.5
岩手県	1,196	409	34.2	43.2	9.0
宮城県	2,290	655	28.6	40.3	11.7
秋田県	945	360	38.1	50.1	12.0
山形県	1,055	362	34.3	43.0	8.7
福島県	1,812	585	32.3	44.2	11.9
茨城県	2,852	860	30.1	40.0	9.9
栃木県	1,921	569	29.6	37.3	7.7
群馬県	1,927	589	30.5	39.4	8.9
埼玉県	7,340	2,000	27.2	35.8	8.6
千葉県	6,275	1,748	27.9	36.4	8.5
東京都	14,010	3,202	22.9	30.7	7.8
神奈川県	9,236	2,376	25.7	35.2	9.5
新潟県	2,177	723	33.2	40.9	7.7
富山県	1,025	337	32.8	40.3	7.5
石川県	1,125	338	30.1	37.2	7.1
福井県	760	236	31.0	38.5	7.5
山梨県	805	252	31.3	43.0	11.7
長野県	2,033	657	32.3	41.7	9.4
岐阜県	1,961	605	30.8	38.7	7.9
静岡県	3,608	1,099	30.5	38.9	8.4
愛知県	7,517	1,918	25.5	33.1	7.6
三重県	1,756	531	30.3	38.3	8.0
滋賀県	1,411	376	26.6	34.3	7.7
京都府	2,561	758	29.6	37.8	8.2
大阪府	8,806	2,442	27.7	36.2	8.5
兵庫県	5,432	1,608	29.6	38.9	9.3
奈良県	1,315	423	32.1	41.1	9.0
和歌山県	914	308	33.8	39.8	6.0
鳥取県	549	180	32.7	38.7	6.0
島根県	665	229	34.5	39.5	5.0
岡山県	1,876	575	30.6	36.0	5.4
広島県	2,780	827	29.7	35.2	5.5
山口県	1,328	465	35.0	39.7	4.7
徳島県	712	247	34.7	41.5	6.8
香川県	942	303	32.2	38.3	6.1
愛媛県	1,321	444	33.6	41.5	7.9
高知県	684	245	35.9	42.7	6.8
福岡県	5,124	1,445	28.2	35.2	7.0
佐賀県	806	251	31.1	37.0	5.9
長崎県	1,297	435	33.6	40.6	7.0
熊本県	1,728	551	31.9	37.1	5.2
大分県	1,114	376	33.7	39.3	5.6
宮崎県	1,061	351	33.1	40.0	6.9
鹿児島県	1,576	521	33.1	40.8	7.7
沖縄県	1,468	339	23.1	31.4	8.3

資料：令和3年は総務省「人口推計」、令和27年は国立社会保障・人口問題研究所「日本の地域別将来推計人口（平成30（2018）年推計）」

さらに、平成27年を基準年として、都市規模別に65歳以上人口の推移を見ると、都市規模が大きいほど65歳以上人口は増加する見込みとなっている。一方で、「人口5万人未満の都市」では、令和2年をピークに65歳以上人口は減少し、令和17年には平成27年時点よりも減少する見込みである（図1－1－11）。

5 **高齢化の要因**

高齢化の要因は大きく分けて、①年齢調整死亡率の低下による65歳以上人口の増加、②少子化の進行による若年人口の減少、の2つである。

（1）年齢調整死亡率[1]の低下による65歳以上人口の増加

65歳以上人口の増加に伴い、死亡者の実数は増加傾向にあるが、人口の年齢構成に変化がないと仮定した場合の年齢調整死亡率は低下傾

図1－1－11　都市規模別に見た65歳以上人口指数（平成27（2015）年＝100）の推移

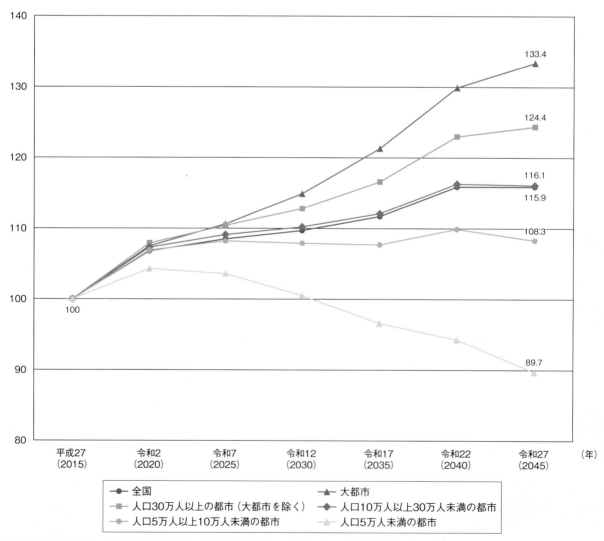

資料：国立社会保障・人口問題研究所「日本の地域別将来推計人口（平成30（2018）年推計）」をもとに作成
（注1）各カテゴリーごとに総計を求め、2015年の人口を100とし、各年の人口を指数化した。
（注2）「大都市」は、東京都区部及び政令指定都市を指す。
（注3）福島県のデータは含まれていない。

向にある。戦後、我が国では、生活環境の改善、食生活・栄養状態の改善、医療技術の進歩等により、年齢調整死亡率が大幅に低下し、平成17年を境に算出方法が異なるため単純に比較はできない[2]が昭和22年の男性23.6、女性18.3から、令和2年には男性13.3、女性7.2になった（図1－1－12）。

(注1) 死亡数を人口で除した通常の死亡率（以下「粗死亡率」という。）は、高齢者の多い集団では高くなる。人口の年齢構成は毎年変化するので、粗死亡率は年次比較には適さない。そこで、人口の年齢構成が毎年一定であると仮定して（これを「基準人口」という。）死亡率を算出したのが、年齢調整死亡率である。計算方法は以下のとおり。
年齢調整死亡率＝ ｜[観察集団の各年齢（年齢階級）の死亡率]×[基準人口集団のその年齢（年齢階級）の人口]｝ の各年齢（年齢階級）の総和 ／ 基準人口集団の総数（通例人口千人当たりで表示）

(注2) 年齢調整死亡率の算出に当たっては、従来、昭和60年モデル人口（昭和60年国勢調査人口を基に補正した人口）を基準人口として算出していたが、令和2年人口動態統計より、平成27年モデル人口（平成27年国勢調査の日本人人口を基に補正した人口）へ変更となり、平成17年まで遡及して算出している。本白書では、令和4年4月1日時点において遡及算出結果が公表されている平成17年以降の年齢調整死亡率については、「平成27年モデル人口」により算出されたものを掲載している。

（2）少子化の進行による若年人口の減少

我が国の戦後の出生状況の推移を見ると、出生数は、第1次ベビーブーム（昭和22～24年。この間の出生数805万7,054人）、第2次ベビーブーム（昭和46～49年。この間の出生数816万1,627人）の2つのピークの後は減少傾向にある。令和2年の出生数は84万835人、出生率（人口1,000人当たりの出生数）は6.8となり、

図1－1－12　死亡数及び年齢調整死亡率の推移

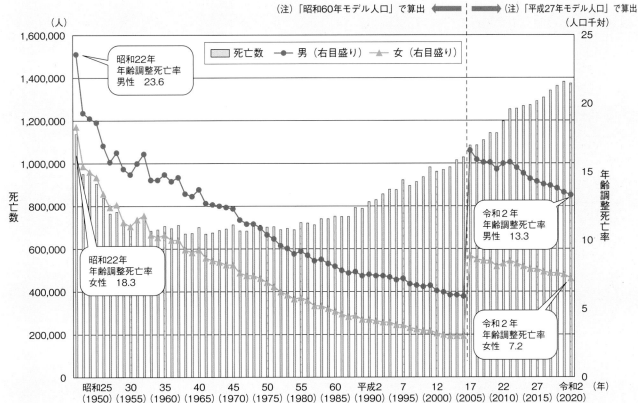

資料：厚生労働省「人口動態統計」
（注）平成17～令和2年年齢調整死亡率は、「平成27年モデル人口」を基準人口としており、それ以前は「昭和60年モデル人口」を基準人口としているため、比較には注意が必要である。

出生数は前年の86万5,239人より2万4,404人減少した。

また、合計特殊出生率（その年次の15歳から49歳までの女性の年齢別出生率を合計したもので、1人の女性が仮にその年次の年齢別出生率で一生の間に生むとしたときの子供の数に相当する。）は、第1次ベビーブーム以降急速に低下し、昭和31年に2.22となった後、しばらくは人口置換水準（人口を長期的に維持するために必要な水準）前後で推移してきたが、昭和50年に1.91と2.00を下回ると、平成5年に1.46と1.50を割り込んだ。その後も低下傾向は続き、平成17年には1.26と過去最低を記録したが、令和2年は1.33となっている。

高齢化の社会保障給付費に対する影響

国立社会保障・人口問題研究所「令和元年度社会保障費用統計」により、社会保障給付費（年金・医療・福祉その他を合わせた額）全体について見ると、令和元年度は123兆9,241億円となり過去最高の水準となった。また、国民所得に占める割合は30.88％（前年度比0.7ポイント増）となった。社会保障給付費のうち、高齢者関係給付費（国立社会保障・人口問題研究所の定義において、年金保険給付費、高齢者医療給付費、老人福祉サービス給付費及び高年齢雇用継続給付費を合わせた額）について見ると、令和元年度は82兆444億円となり、前年度の80兆8,582億円から1兆1,862億円増加した。なお、社会保障給付費に占める割合は66.2％で、前年度から0.4ポイント減少となっている（図1-1-13）。

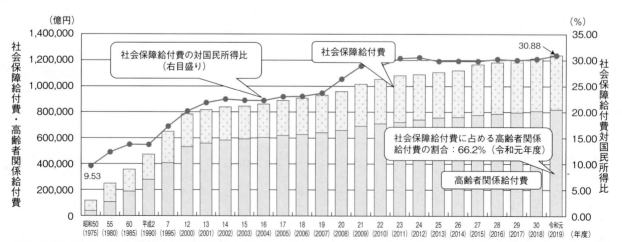

資料：国立社会保障・人口問題研究所「令和元年度社会保障費用統計」
（注1）　高齢者関係給付費とは、年金保険給付費、高齢者医療給付費、老人福祉サービス給付費及び高年齢雇用継続給付費を合わせたもので昭和48年度から集計
（注2）　高齢者医療給付費は、平成19年度までは旧老人保健制度からの医療給付額、平成20年度から平成29年度は後期高齢者医療制度からの医療給付額及び旧老人保健制度からの医療給付額、平成30年度は後期高齢者医療制度からの医療給付額が含まれている。

第2節　高齢期の暮らしの動向

1　就業・所得

（1）経済的な暮らし向きについて心配がない65歳以上の者は68.5%

　内閣府の調査では、経済的な暮らし向きについて「心配がない」（「家計にゆとりがあり、まったく心配なく暮らしている」と「家計にあまりゆとりはないが、それほど心配なく暮らしている」の計）と感じている人の割合は全体で68.5%となっている（図1−2−1−1）。

（2）高齢者世帯の所得は、その他の世帯平均と比べて低い

　高齢者世帯（65歳以上の者のみで構成するか、又はこれに18歳未満の未婚の者が加わった世帯）の平均所得金額（平成30年の1年間の所得）は312.6万円で、全世帯から高齢者世帯と母子世帯を除いたその他の世帯（664.5万円）の約5割となっている。

　なお、平均等価可処分所得[3]金額で見ると、高齢者世帯は218.5万円となっており、その他の世帯（313.4万円）の約7割となっている（表1−2−1−2）。

（注3）平均等価可処分所得とは、世帯人員数の違いを調整するため、世帯の可処分所得を世帯人員の平方根で割った所得。生活水準を考えた場合、世帯人員数が少ない方が、生活コストが割高になることを考慮したもの。なお、世帯の可処分所得とは、世帯収入から税金・社会保険料等を除いたいわゆる手取り収入である。

図1−2−1−1　65歳以上の人の経済的な暮らし向き

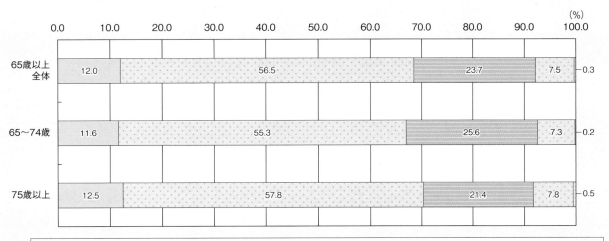

資料：内閣府「高齢者の日常生活・地域社会への参加に関する調査（令和3年度）」
（注1）四捨五入の関係で、足し合わせても100.0%にならない場合がある。
（注2）調査は60歳以上の男女を対象としているが、本白書では、65歳以上の男女の集計結果を紹介する。

また、高齢者世帯の所得階層別分布を見ると、150～200万円未満が最も多くなっている（図1－2－1－3）。

さらに、公的年金・恩給を受給している高齢者世帯について、公的年金・恩給の総所得に占める割合別世帯数の構成割合を見ると、公的年金・恩給が家計収入の全てとなっている世帯が約半数となっている（図1－2－1－4）。

（3）世帯主が60歳以上の世帯の貯蓄現在高の中央値は全世帯の1.5倍

資産を二人以上の世帯について見ると、世帯主の年齢階級別の家計の貯蓄・負債の全般的状況は、世帯主の年齢階級が高くなるにつれて、1世帯当たりの純貯蓄はおおむね増加し、世帯主が60～69歳の世帯及び70歳以上の世帯では、他の年齢階級に比べて大きな純貯蓄を有している。年齢階級が高くなるほど、貯蓄額と持家率がおおむね増加する一方、世帯主が30～39歳の世帯をピークに負債額は減少していく（図1－2－1－5）。

表1－2－1－2　高齢者世帯の所得

区分	平均所得金額 （平均世帯人員）	平均等価可処分 所得金額
高齢者世帯	312.6万円 （1.56）	218.5万円
その他の世帯	664.5万円 （2.90）	313.4万円
全世帯	552.3万円 （2.48）	290.0万円

資料：厚生労働省「国民生活基礎調査」（令和元年）（同調査における平成30（2018）年1年間の所得）
（注1）高齢者世帯とは、65歳以上の者のみで構成するか、又はこれに18歳未満の未婚の者が加わった世帯をいう。
（注2）等価可処分所得とは、世帯の可処分所得を世帯人員の平方根で割って調整したものをいう。
（注3）その他の世帯とは、全世帯から高齢者世帯と母子世帯を除いた世帯をいう。

図1－2－1－3　高齢者世帯の所得階層別分布

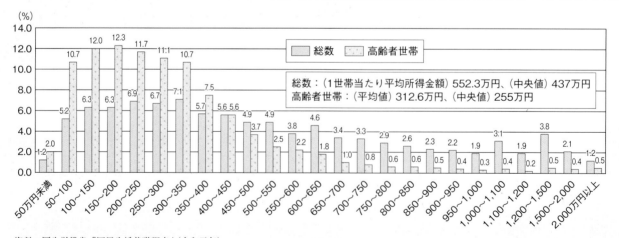

資料：厚生労働省「国民生活基礎調査」（令和元年）
（注）高齢者世帯とは、65歳以上の者のみで構成するか、又はこれに18歳未満の未婚の者が加わった世帯をいう。

図1−2−1−4　公的年金・恩給を受給している高齢者世帯における公的年金・恩給の総所得に占める割合別世帯数の構成割合

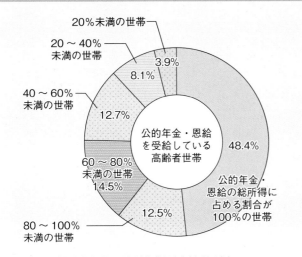

20%未満の世帯　3.9%
20〜40%未満の世帯　8.1%
40〜60%未満の世帯　12.7%
60〜80%未満の世帯　14.5%
80〜100%未満の世帯　12.5%
公的年金・恩給の総所得に占める割合が100%の世帯　48.4%

公的年金・恩給を受給している高齢者世帯

資料：厚生労働省「国民生活基礎調査」（令和元年）
（同調査における平成30（2018）年1年間の所得）
（注）四捨五入の関係で、足し合わせても100.0%にならない場合がある。

　また、二人以上の世帯の貯蓄現在高について、世帯主の年齢が65歳以上の世帯と全世帯の中央値を比較すると、前者は1,555万円と、後者の1,061万円の約1.5倍となっている。二人以上の世帯の貯蓄現在高階級別の世帯分布を見ると、世帯主の年齢が65歳以上の世帯では、4,000万円以上の貯蓄を有する世帯が17.3％であり、全世帯（12.1％）と比べて高い水準となっている（図1−2−1−6）。

　さらに、金融資産の分布状況を世帯主の世代別に見ると、世帯主の年齢が60歳以上の世帯が占める割合が令和元年度には63.5％となっている（図1−2−1−7）。

図1−2−1−5　世帯主の年齢階級別1世帯当たりの貯蓄・負債現在高、年間収入、持家率

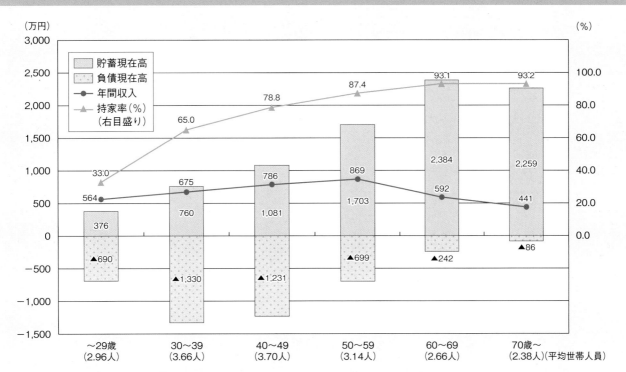

資料：総務省「家計調査（二人以上の世帯）」（令和2年）

17

図1−2−1−6 貯蓄現在高階級別世帯分布

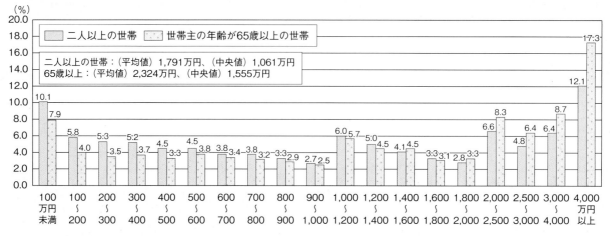

資料：総務省「家計調査（二人以上の世帯）」（令和2年）
(注1) 単身世帯は対象外
(注2) ゆうちょ銀行，郵便貯金簡易生命保険管理・郵便局ネットワーク支援機構，銀行及びその他の金融機関（普通銀行等）への預貯金，生命保険及び積立型損害保険の掛金（加入してからの掛金の払込総額）並びに株式，債券，投資信託，金銭信託などの有価証券（株式及び投資信託については調査時点の時価，債券及び貸付信託・金銭信託については額面）といった金融機関への貯蓄と，社内預金，勤め先の共済組合などの金融機関外への貯蓄の合計
(注3) 中央値とは，貯蓄現在高が「0」の世帯を除いた世帯を貯蓄現在高の低い方から順番に並べたときに，ちょうど中央に位置する世帯の貯蓄現在高をいう。

図1−2−1−7 世代別金融資産分布状況

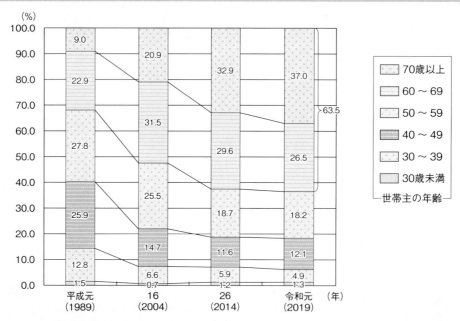

資料：総務省「全国家計構造調査」より内閣府作成
(注1) このグラフでいう金融資産とは，貯蓄現在高のことを指す。
(注2) 四捨五入の関係で，足し合わせても100.0%にならない場合がある。
(注3) 平成26年以前は「全国消費実態調査」として実施しており，集計方法等が異なる。平成26年については令和元年と同様の集計方法による遡及集計を施しているが，それ以前の結果についてはこの限りではないので，比較する際には注意が必要である。

（4）65歳以上の生活保護受給者（被保護人員）は横ばい

生活保護受給者の推移を見ると、令和元年における被保護人員数の総数は前年から減少する一方、65歳以上の生活保護受給者は105万人に増加している。また、65歳以上人口に占める生活保護受給者の割合は2.93％で、前年と比べて横ばいとなっている（図1－2－1－8）。

図1－2－1－8 被保護人員の変移

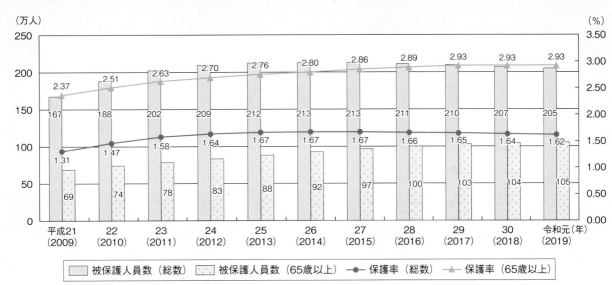

資料：総務省「人口推計」（国勢調査実施年は国勢調査人口による。）、厚生労働省「被保護者調査 年次調査」より内閣府作成

（5）労働力人口に占める65歳以上の者の比率は上昇

令和3年の労働力人口は、6,907万人であった。労働力人口のうち65〜69歳の者は410万人、70歳以上の者は516万人であり、労働力人口総数に占める65歳以上の者の割合は13.4％と上昇し続けている（図1−2−1−9）。

図1−2−1−9　労働力人口の推移

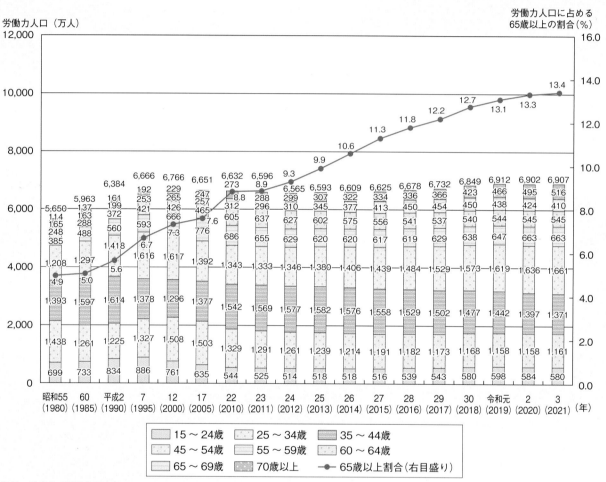

資料：総務省「労働力調査」
（注1）年平均の値
（注2）「労働力人口」とは、15歳以上人口のうち、就業者と完全失業者を合わせたものをいう。
（注3）平成23年は岩手県、宮城県及び福島県において調査実施が一時困難となったため、補完的に推計した値を用いている。

また、令和3年の労働力人口比率（人口に占める労働力人口の割合）を見ると、65～69歳では51.7%、70～74歳では33.2%となっており、いずれも平成17年以降、上昇傾向である。75歳以上は10.6%となり、平成27年以降上昇傾向となっている（図1-2-1-10）。

雇用情勢について、完全失業率を見ると、60～64歳では、平成23年以降低下し続けていたが、令和3年は、前年からの新型コロナウイルス感染症の影響により、3.1%に上昇した。また、65歳以上では、令和3年は1.8%と上昇した（図1-2-1-11）。

図1-2-1-10 労働力人口比率の推移

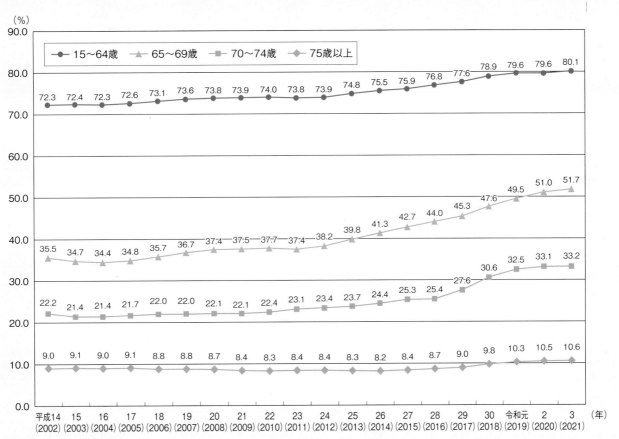

資料：総務省「労働力調査」
(注1) 年平均の値
(注2) 「労働力人口」とは、15歳以上人口のうち、就業者と完全失業者を合わせたものをいう。
　　　「労働力人口比率」とは、15歳以上人口に占める「労働力人口」の割合
(注3) 平成23年は、岩手県、宮城県及び福島県において調査実施が一時困難となったため、15～64歳及び65～69歳については補完的に推計した値を、70～74歳及び75歳以上については、3県を除いた値を用いている。

図1-2-1-11 完全失業率の推移

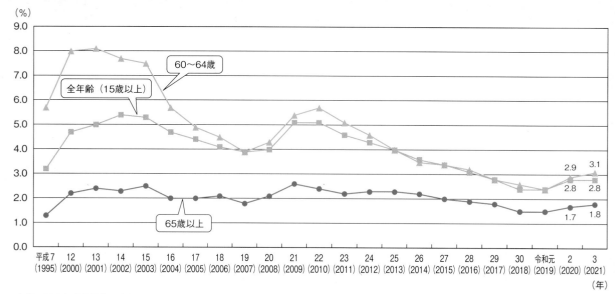

資料：総務省「労働力調査」
(注1) 年平均の値
(注2) 平成23年は岩手県、宮城県及び福島県において調査実施が一時困難となったため、補完的に推計した値を用いている。

(6) 就業状況

ア 就業率の推移

就業率の推移を見ると、60〜64歳、65〜69歳、70〜74歳、75歳以上では、10年前の平成23年の就業率と比較して、令和3年の就業率はそれぞれ14.4ポイント、14.1ポイント、9.8ポイント、2.1ポイント伸びている（図1-2-1-12）。

図1-2-1-12 年齢階級別就業率の推移

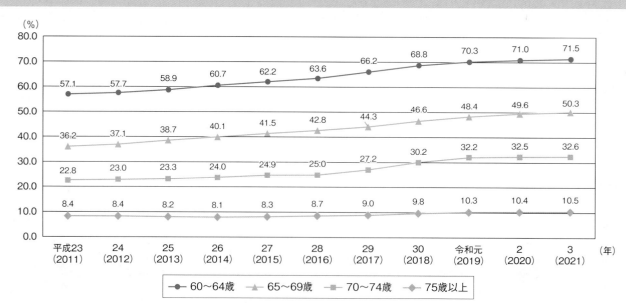

資料：総務省「労働力調査」
(注1) 年平均の値
(注2) 「就業率」とは、15歳以上人口に占める就業者の割合をいう。
(注3) 平成23年は岩手県、宮城県及び福島県において調査実施が一時困難となったため、補完的に推計した値を用いている。

イ　男性は60代後半でも全体の半数以上が働いている

男女別に就業状況を見ると、男性の場合、就業者の割合は、60〜64歳で82.7%、65〜69歳で60.4%となっており、60歳を過ぎても、多くの人が就業している。また、女性の就業者の割合は、60〜64歳で60.6%、65〜69歳で40.9%となっている。さらに、70〜74歳では、男性の就業者の割合は41.1%、女性の就業者の割合は25.1%となっている（図1−2−1−13）。

ウ　60歳を境に非正規の職員・従業員の比率は上昇

役員を除く雇用者のうち非正規の職員・従業員の比率を男女別に見ると、男性の場合、55〜59歳で10.5%であるが、60〜64歳で45.3%、65〜69歳で67.8%と、60歳を境に大幅に上昇している。また、女性の場合も、55〜59歳で59.1%、60〜64歳で74.7%、65〜69歳で83.9%となっており、男性と比較して上昇幅は小さいものの、60歳を境に非正規の職員・従業員の比率は上昇している（図1−2−1−14）。

エ　「働けるうちはいつまでも」働きたい60歳以上の者が約4割

現在収入のある仕事をしている60歳以上の者については約4割が「働けるうちはいつまでも」働きたいと回答しており、70歳くらいまで又はそれ以上との回答と合計すれば、約9割が高齢期にも高い就業意欲を持っている様子がうかがえる（図1−2−1−15）。

図1−2−1−13　55歳以上の者の就業状況

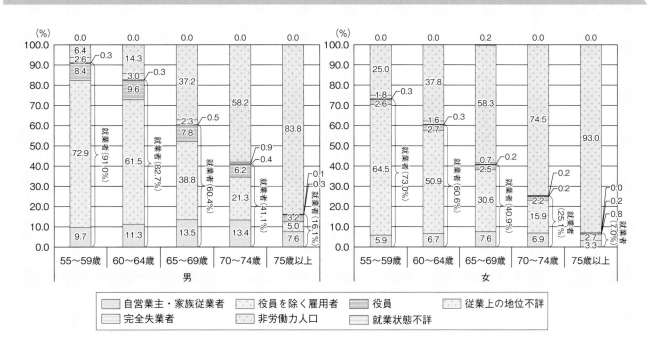

資料：総務省「労働力調査」（令和3年）
（注1）年平均の値
（注2）四捨五入の関係で、足し合わせても100.0%にならない場合がある。

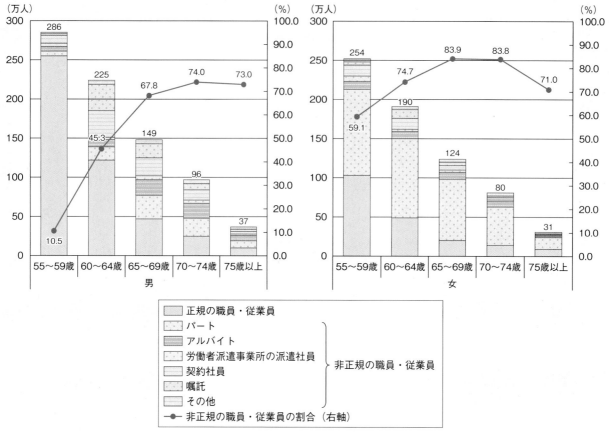

資料：総務省「労働力調査」（令和3年）
（注）年平均の値

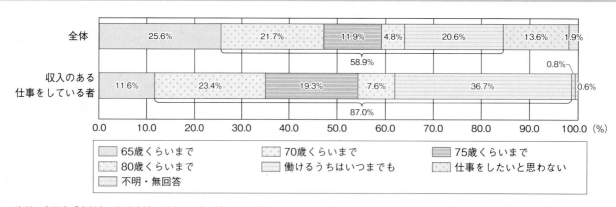

資料：内閣府「高齢者の経済生活に関する調査」（令和元年度）
（注1）調査対象は、全国の60歳以上の男女
（注2）四捨五入の関係で、足し合わせても100.0％にならない場合がある。

オ 希望者全員が65歳以上まで働ける企業は 8割以上

　従業員31人以上の企業約16万社のうち、高年齢者雇用確保措置[4]を実施済みの企業の割合は99.9％（16万4,033社）となっている。また、希望者全員が65歳以上まで働ける企業の割合は80.4％（13万2,014社）となっている（図1－2－1－16）。

（注4）「高年齢者等の雇用の安定等に関する法律」（昭和46年法律第68号）では65歳までの安定した雇用を確保するため、企業に「定年制の廃止」、「定年の引き上げ」、「継続雇用制度の導入」のいずれかの措置を講じるよう義務付けている。

図1－2－1－16　雇用確保措置の実施状況の内訳（企業規模別）

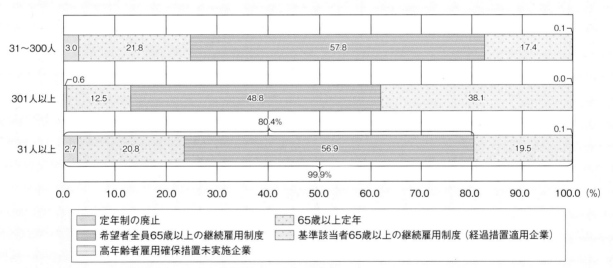

資料：厚生労働省「令和2年『高年齢者の雇用状況』集計結果」より内閣府作成
（注）継続雇用制度とは、現に雇用している高年齢者が希望するときは、当該高年齢者をその定年後も引き続いて雇用する制度をいう。なお、平成24年度の法改正により、平成25年度以降、制度の適用者は原則として「希望者全員」となった。ただし、平成24年度までに労使協定により継続雇用制度の対象者を限定する基準を定めていた場合は、その基準を適用できる年齢を令和7年度までに段階的に引き上げているところ（経過措置）。また、四捨五入しているため、合計値が100.0％とならない場合がある。

（1）健康

ア 65歳以上の者の新体力テストの合計点は向上傾向

令和2年度の65～69歳の男女、70～74歳の男女、75～79歳の男女の新体力テスト（握力、上体起こし、長座体前屈、開眼片足立ち、10m障害物歩行、6分間歩行）の合計点は、それぞれ平成23年の合計点を上回っている（図1－2－2－1）。

イ 健康寿命は延伸し、平均寿命と比較しても延びが大きい

日常生活に制限のない期間（健康寿命）は、令和元年時点で男性が72.68年、女性が75.38年となっており、それぞれ平成22年と比べて延びている（平成22年→令和元年：男性2.26年、女性1.76年）。さらに、同期間における健康寿命の延びは、平均寿命の延び（平成22年→令和元年：男性1.86年、女性1.15年）を上回っている（図1－2－2－2）。

図1－2－2－1 新体力テストの合計点

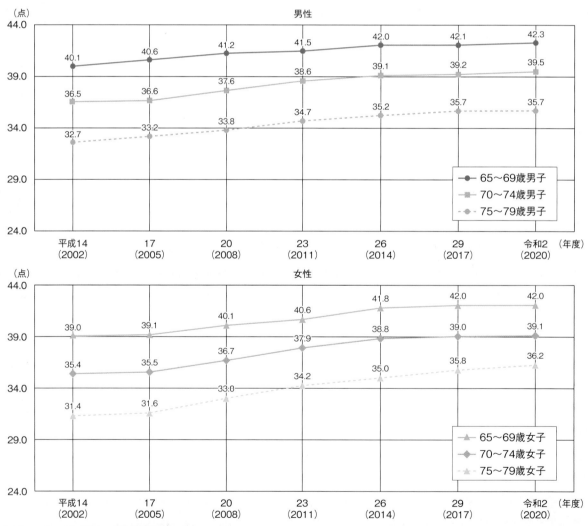

資料：スポーツ庁「体力・運動能力調査」
(注1) 図は、3点移動平均法を用いて平滑化してある。
(注2) 合計点は、新体力テスト実施要項の「項目別得点表」による。得点基準は、男女により異なる。
(注3) 令和2年度は新型コロナウイルス感染症のため実施時期や標本数等が異なる。

ウ　75歳以上の運動習慣のある者の割合は、男性46.9％、女性37.8％で、男性の割合が高い

運動習慣のある者の割合（令和元年）を見ると、65～74歳で男性38.0％、女性31.1％、75歳以上で男性46.9％、女性37.8％と男性の割合が女性よりも高くなっている。また、男性、女性いずれも、それぞれの20～64歳の23.5％、16.9％と比べ高い水準となっている（図1－2－2－3）。

エ　65歳以上の者の死因は「悪性新生物（がん）」が最も多い

65歳以上の者の死因別の死亡率（令和2年の65歳以上人口10万人当たりの死亡数）を見ると、「悪性新生物（がん）」が927.6と最も高く、次いで、「心疾患（高血圧性を除く）」が532.6、「老衰」が369.4の順になっている（図1－2－2－4）。

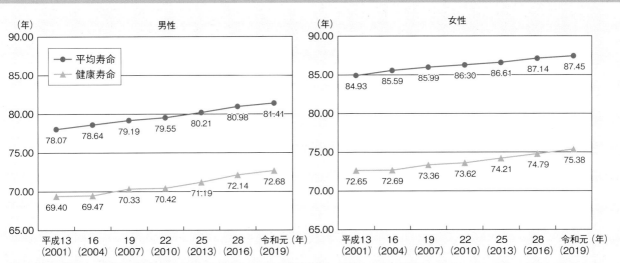

図1－2－2－2　健康寿命と平均寿命の推移

資料：平均寿命：平成13・16・19・25・28年・令和元年は、厚生労働省「簡易生命表」、平成22年は「完全生命表」
　　　健康寿命：厚生労働省「第16回健康日本21（第二次）推進専門委員会資料」

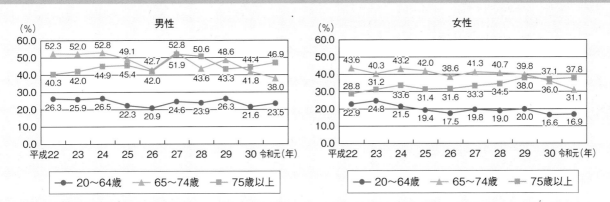

図1－2－2－3　65歳以上の運動習慣者の割合

資料：厚生労働省「国民健康・栄養調査」
（注1）調査対象は、全国の20歳以上の男女
（注2）身体状況調査の問診において「医師等からの運動禁止の有無」に「無」と回答し、「運動習慣」の全ての質問に回答した者を集計対象とした。
（注3）「運動習慣者」とは、1回30分以上の運動を週2回以上実施し、1年以上継続していると回答した者

（65歳以上人口10万対）

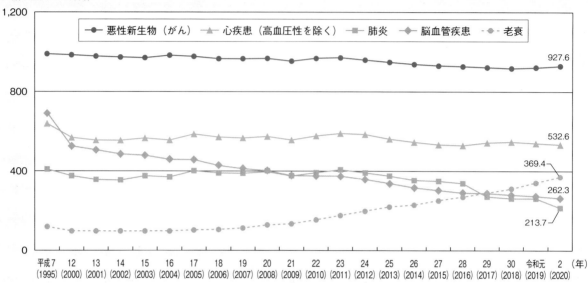

資料：厚生労働省「人口動態統計」

（2）65歳以上の者の介護

ア　65歳以上の者の要介護者等数は増加しており、特に75歳以上で割合が高い

介護保険制度における要介護又は要支援の認定を受けた人（以下「要介護者等」という。）は、令和元年度で655.8万人となっており、平成21年度（469.6万人）から186.2万人増加している（図１－２－２－５）。また、要介護者等は、第1号被保険者の18.4％を占めている。

図１－２－２－５　第1号被保険者（65歳以上）の要介護度別認定者数の推移

（千人）

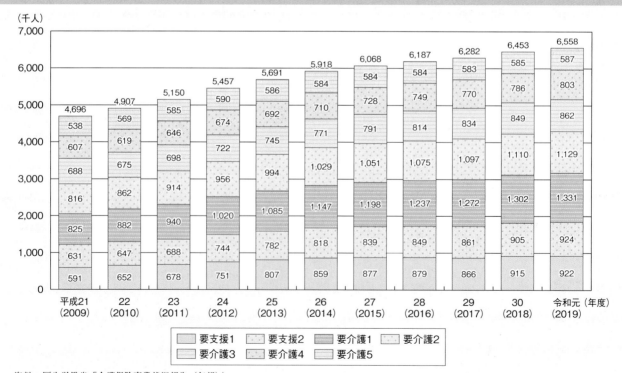

資料：厚生労働省「介護保険事業状況報告（年報）」
（注）　平成22（2010）年度は東日本大震災の影響により、報告が困難であった福島県の5町1村（広野町、楢葉町、富岡町、川内村、双葉町、新地町）を除いて集計した値

また、65〜74歳と75歳以上の被保険者について、それぞれ要支援、要介護の認定を受けた人の割合を見ると、65〜74歳では1.4%、2.9%であるのに対して、75歳以上では8.8%、23.1%となっており、75歳以上になると要介護の認定を受ける人の割合が大きく上昇する（表1−2−2−6）。

表1−2−2−6 要介護認定の状況

単位：千人、（ ）内は％

65〜74歳		75歳以上	
要支援	要介護	要支援	要介護
234	493	1,613	4,219
(1.4)	(2.9)	(8.8)	(23.1)

資料：厚生労働省「介護保険事業状況報告（年報）」（令和元年度）より算出
（注1）経過的要介護の者を除く。
（注2）（ ）内は、65〜74歳、75歳以上それぞれの被保険者に占める割合

要介護者等（総数）について、介護が必要になった主な原因について見ると、「認知症」が18.1％と最も多く、次いで、「脳血管疾患（脳卒中）」が15.0％、「高齢による衰弱」が13.3％、「骨折・転倒」が13.0％となっている。また、男女別に見ると、男性は「脳血管疾患（脳卒中）」が24.5％、女性は「認知症」が19.9％と最も多くなっている（図1−2−2−7）。

イ　主に家族（とりわけ女性）が介護者となっており、「老老介護」も相当数存在

要介護者等から見た主な介護者の続柄を見ると、同居している人が54.4％となっている。その主な内訳を見ると、配偶者が23.8％、子が20.7％、子の配偶者が7.5％となっている。また、性別については、男性が35.0％、女性が65.0％と女性が多くなっている。

要介護者等と同居している主な介護者の年齢について見ると、男性では72.4％、女性では73.8％が60歳以上であり、いわゆる「老老介護」のケースも相当数存在していることが分かる（図1−2−2−8）。

ウ　要介護4では45.8％、要介護5では56.7％がほとんど終日介護を行っている

令和元年の同居している主な介護者が1日のうち介護に要している時間を見ると、「必要なときに手をかす程度」が47.9％と最も多い一方で、「ほとんど終日」も19.3％となっている。要介護度別に見ると、要支援1から要介護2ま

図1−2−2−7　65歳以上の要介護者等の性別に見た介護が必要となった主な原因

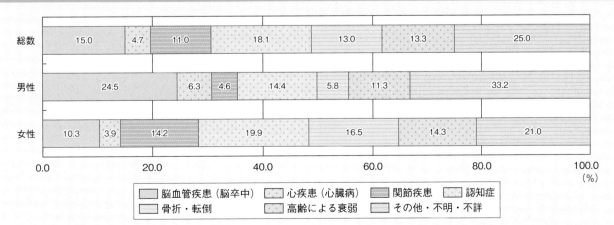

資料：厚生労働省「国民生活基礎調査」（令和元年）
（注）四捨五入の関係で、足し合わせても100.0％にならない場合がある。

では「必要なときに手をかす程度」が最も多くなっているが、要介護3以上では「ほとんど終日」が最も多くなり、要介護4では45.8％、要介護5では56.7％となっている。平成28年と比較すると、令和元年には「ほとんど終日」が2.8ポイント低下し、時間の上では負担の改善が見られる（図1-2-2-9）。

図1-2-2-8 要介護者等から見た主な介護者の続柄

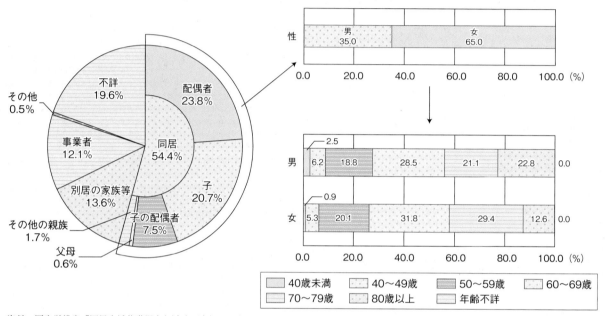

資料：厚生労働省「国民生活基礎調査」（令和元年）
（注）四捨五入の関係で、足し合わせても100.0％にならない場合がある。

図1-2-2-9 同居している主な介護者の介護時間（要介護者の要介護度別）

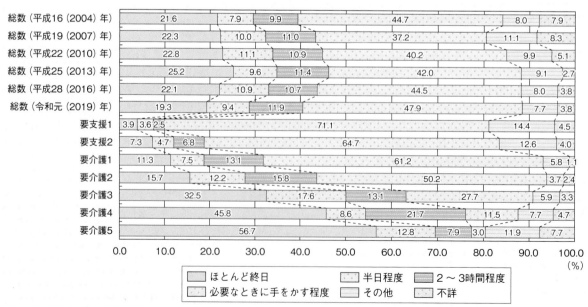

資料：厚生労働省「国民生活基礎調査」（令和元年）
（注1）「総数」には要介護度不詳を含む。
（注2）平成28年の数値は、熊本県を除いたものである。
（注3）四捨五入の関係で、足し合わせても100.0％にならない場合がある。

エ　介護や看護の理由により離職する人は女性が多い

　家族の介護や看護を理由とした離職者数は平成28年10月から平成29年9月までの1年間で約9.9万人であった。とりわけ、女性の離職者数は約7.5万人で、全体の75.8％を占めている（図1－2－2－10）。

図1－2－2－10　介護・看護により離職した人数

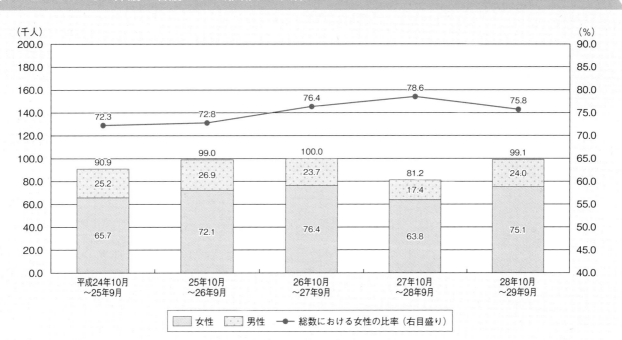

資料：総務省「就業構造基本調査」

オ　介護施設等の定員数は増加傾向で、特に有料老人ホームの定員が増加

　介護施設等の定員数は、増加傾向にある。施設別に見ると、令和2年では、有料老人ホーム（60万6,394人）、介護老人福祉施設（特養）（57万6,442人）、介護老人保健施設（老健）（37万3,342人）等の定員数が多い。また、近年は有料老人ホームの定員数が特に増えている（図1－2－2－11）。

図1－2－2－11　介護施設等の定員数（病床数）の推移

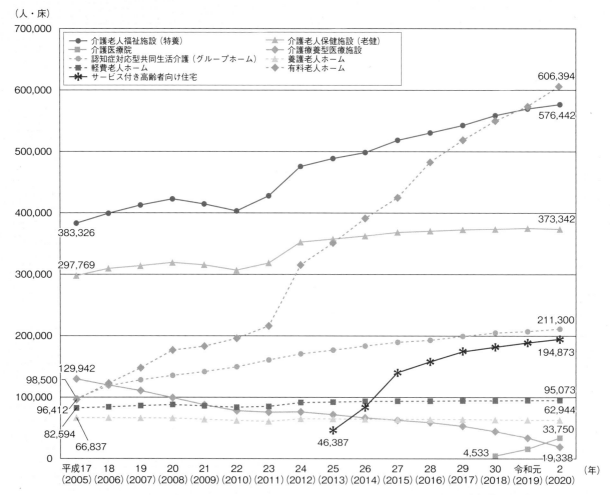

資料：厚生労働省「介護サービス施設・事業所調査」、「社会福祉施設等調査」、「介護給付費等実態統計（旧：介護給付費等実態調査）」（各年10月審査分）
（注1）「認知症対応型共同生活介護（グループホーム）」については受給者数である。なお、平成18年以降は短期利用以外である。
（注2）「サービス付き高齢者向け住宅」は、有料老人ホームに該当するもののみである。

カ 介護に従事する職員数は増加

要介護（要支援）認定者数の増加に伴い、介護に従事する職員数は増加しており、令和元年度は、210.6万人となっている（図1-2-2-12）。

図1-2-2-12 介護職員数の推移

○本表における介護職員数は、介護保険給付の対象となる介護サービス事業所、介護保険施設に従事する職員数。

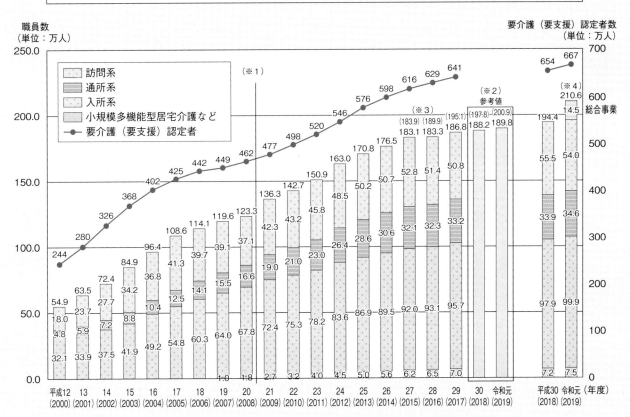

資料：厚生労働省「介護サービス施設・事業所調査」（介護職員数）、「介護保険事業状況報告」（要介護（要支援）認定者数）
(注1) 介護職員数は、常勤、非常勤を含めた実人員数（各年度の10月1日現在）
(注2) 調査方法の変更に伴い、推計値の算出方法に以下のとおり変動が生じている。
　平成12～20年度　　　「介護サービス施設・事業所調査」（介サ調査）は全数調査を実施しており、各年度は当該調査による数値を記載
　平成21～29年度　　　介サ調査は、全数の回収が困難となり、回収された調査票のみの集計となったことから、社会・援護局において全数を推計し、各年度は当該数値を記載（※1）
　平成30年度～　　　　介サ調査は、回収率に基づき全数を推計する方式に変更。一番右の2つのグラフ（平成30年度、令和元年度）は、当該調査による数値を記載。参考値は、平成29年度以前との比較が可能となるよう、社会・援護局において、介サ調査の結果に基づき、従前の推計方法により機械的に推計した数値（※2）
(注3) 介護予防・日常生活支援総合事業（以下「総合事業」という。）の取扱い
　平成27～30年度　　　総合事業（従前の介護予防訪問介護・通所介護に相当するサービス）に従事する介護職員は、介サ調査の対象ではなかったため、社会・援護局で推計し、これらを加えた数値を各年度の（　）内に示している（※3）。
　令和元年度～　　　　総合事業も介サ調査の調査対象となったため、総合事業に従事する介護職員（従前の介護予防訪問介護・通所介護相当のサービスを本体と一体的に実施している事業所に限る。）が含まれている（※4）。

キ 依然として介護関係の職種の有効求人倍率は全職業に比べ高い水準にある

　介護関係の職種の有効求人倍率を見ると、全職業の有効求人倍率に比べ、高い水準が続いている。平成18年から平成20年までは全職業の有効求人倍率が低下した一方で、介護関係の職種の有効求人倍率は1.68倍から2.31倍まで上昇した。リーマンショック後は、介護関係の職種の有効求人倍率も低下したが、平成23年から再び上昇し、特に平成26年からは介護関係の職種の有効求人倍率の伸びは全職業の有効求人倍率に比べ、高くなっている。しかし、新型コロナウイルス感染症の影響により、令和3年の介護関係職種の有効求人倍率は3.64倍となり、前年に引き続き低下した（図1－2－2－13）。

図1－2－2－13　有効求人倍率（介護関係職種）の推移

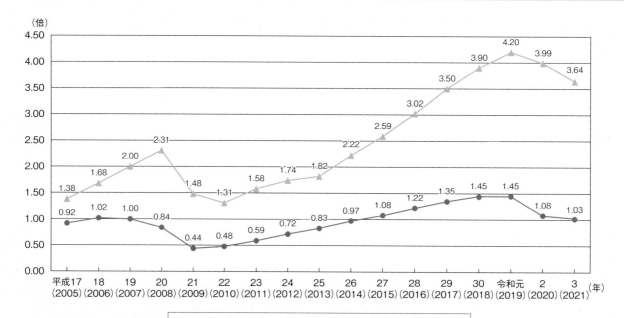

資料：厚生労働省「職業安定業務統計」
（注1）有効求人倍率は年平均である。
（注2）パートタイムを含み、新規学卒者及び新規学卒者求人を除く常用に係る数字
（注3）介護関係職種は、平成24年2月以前は、平成11年改定「労働省編職業分類」における「福祉施設指導専門員」「福祉施設寮母・寮父」「その他の社会福祉専門の職業」「家政婦（夫）」「ホームヘルパー」の合計、平成24年3月以降は、平成23年改定「厚生労働省編職業分類」における「福祉施設指導専門員」「その他の社会福祉の専門的職業」「家政婦（夫）、家事手伝」「介護サービスの職業」の合計による。

3 生活環境

（1）65歳以上の者の住まい
65歳以上の者のいる主世帯の8割以上が持家に居住している

65歳以上の者のいる主世帯について、住宅所有の状況を見ると、持家が82.1%と最も多い。ただし、65歳以上の単身主世帯の持家の割合は66.2%となり、65歳以上の者のいる主世帯総数に比べ持家の割合が低い（図1－2－3－1）。

（2）安全・安心
ア　65歳以上の交通事故死者数は減少

令和3年中における65歳以上の者の交通事故死者数は、1,520人で減少傾向が続いている。65歳以上人口10万人当たりの交通事故死者数も、平成23年の7.8人から令和3年には4.2人へと大きく減少した。なお、交通事故死者数全体に占める65歳以上の者の割合は、令和3年は57.7%となっている（図1－2－3－2）。

また、75歳以上の運転免許保有者10万人当たりの死亡事故件数は減少傾向にある。ただし、令和3年における運転免許保有者10万人当たりの死亡事故件数は、75歳以上で5.7件、80歳以上で8.2件であり、前年と比較すると若干増加している（図1－2－3－3）。

図1－2－3－1　住居の状況

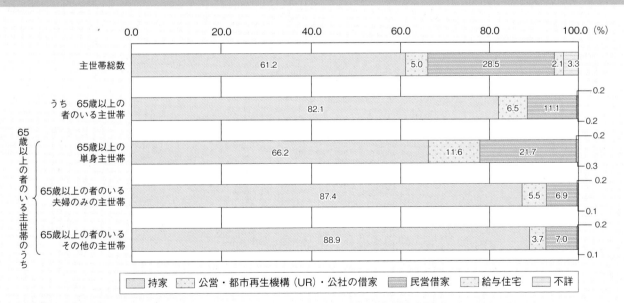

資料：総務省統計局「住宅・土地統計調査」（平成30年）
（注1）1住宅に1世帯が住んでいる場合はその世帯を「主世帯」とし、1住宅に2世帯以上住んでいる場合には、そのうちの主な世帯（家の持ち主や借り主の世帯など）を「主世帯」とした。
（注2）四捨五入の関係で、足し合わせても100.0%にならない場合がある。

図1－2－3－2 交通事故死者数及び65歳以上人口10万人当たりの交通事故死者数の推移

資料：警察庁「令和3年中の交通事故死者数について」
（注）（ ）内は、交通事故死者数全体に占める65歳以上の者の割合

図1－2－3－3 75歳以上の運転者による死亡事故件数及び75歳以上の運転免許保有者10万人当たりの死亡事故件数

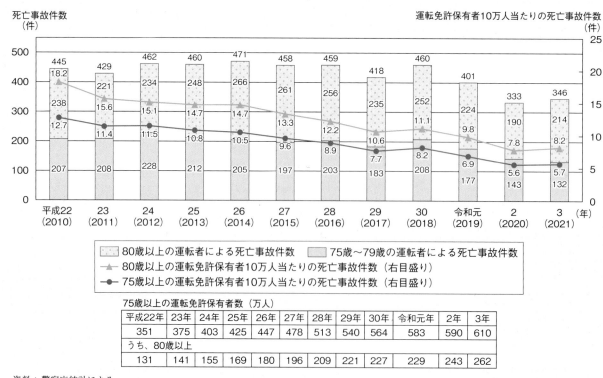

資料：警察庁統計による。
（注1）各年は12月末の運転免許保有者数である。
（注2）第1当事者が原付以上の死亡事故を計上している。

イ　65歳以上の者の刑法犯被害認知件数は減少傾向

犯罪による65歳以上の者の被害の状況について、65歳以上の者の刑法犯被害認知件数を見ると、全刑法犯被害認知件数が戦後最多を記録した平成14年に22万5,095件となり、ピークを迎えて以降、減少傾向にある。なお、全認知件数に対して、65歳以上の者が占める割合は、令和2年は16.4％と増加傾向にある（図1－2－3－4）。

ウ　特殊詐欺の被害者の9割弱が65歳以上

令和3年中の被害者全体の特殊詐欺の認知件数は1万4,461件で、手口別で見ると、オレオレ詐欺に預貯金詐欺（令和元年まではオレオレ詐欺に包含）を合わせた認知件数は5,504件と前年比で14.1％減少し、キャッシュカード詐欺盗は2,587件と前年比で9.2％減少した（表1－2－3－5）。

図1－2－3－4　65歳以上の者の刑法犯被害認知件数

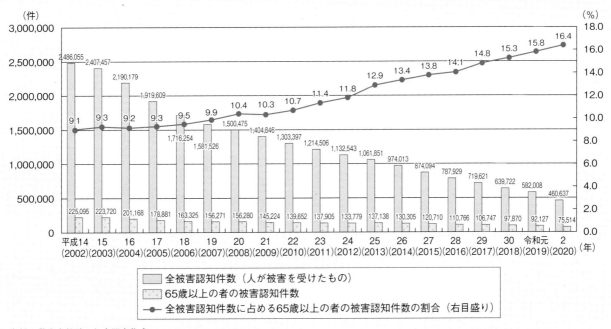

凡例：
- 全被害認知件数（人が被害を受けたもの）
- 65歳以上の者の被害認知件数
- 全被害認知件数に占める65歳以上の者の被害認知件数の割合（右目盛り）

資料：警察庁統計より内閣府作成

表1－2－3－5　特殊詐欺の認知件数・被害総額の推移（平成24～令和3年）

区分＼年次	平成24	25	26	27	28	29	30	令和元	2	3
認知件数（件）	8,693	11,998	13,392	13,824	14,154	18,212	17,844	16,851	13,550	14,461
オレオレ詐欺	3,634	5,396	5,557	5,828	5,753	8,496	9,145	6,725	2,272	3,077
預貯金詐欺									4,135	2,427
キャッシュカード詐欺盗							1,348	3,777	2,850	2,587
被害総額（億円）	364.4	489.5	565.5	482.0	407.7	394.7	382.9	315.8	285.2	278.1

資料：警察庁統計による。令和3年の値は暫定値
　（注）特殊詐欺とは、被害者に電話をかけるなどして対面することなく信頼させ、指定した預貯金口座への振込みその他の方法により、不特定多数の者から現金等をだまし取る犯罪（現金等を脅し取る恐喝及びキャッシュカード詐欺盗を含む。）の総称。キャッシュカード詐欺盗は平成30年から統計を開始。預貯金詐欺は従来オレオレ詐欺に包含されていた犯行形態を令和2年1月から新たな手口として分類した。

そのうち、高齢者（65歳以上）被害の特殊詐欺の認知件数は1万2,708件で、法人・団体等の被害者を除いた認知件数に占める割合は88.2％にのぼった。手口別の65歳以上の被害者の割合は、オレオレ詐欺95.4％、預貯金詐欺98.8％、キャッシュカード詐欺盗98.4％となっている。

エ 65歳以上の者の犯罪者率は低下傾向

65歳以上の者の刑法犯の検挙人員は、令和2年は4万1,696人と前年に引き続きやや減少した。犯罪者率は、平成19年以降は低下傾向となっている。また、令和2年における65歳以上の者の刑法犯検挙人員の包括罪種別構成比を見ると、窃盗犯が69.5％と約7割を占めている（図1－2－3－6）。

オ 契約当事者が65歳以上の消費生活相談件数は約25万件

全国の消費生活センター等に寄せられた契約当事者が65歳以上の消費生活相談件数を見ると、平成25年に26万件を超えた後、平成28年までは減少傾向にあったが、平成29年から増加に転じ、平成30年は約36万件となった。その後は減少し、令和3年は約25万件となっている（図1－2－3－7）。

カ 養護者による虐待を受けている高齢者の約7割が要介護認定

令和2年度に全国の1,741市町村（特別区を含む。）で受け付けた高齢者虐待に関する相談・通報件数は、養介護施設従事者等によるものが2,097件で前年度（2,267件）と比べて7.5％減少し、養護者によるものが3万5,774件で前年

図1－2－3－6　65歳以上の者による犯罪（65歳以上の者の包括罪種別検挙人員と犯罪者率）

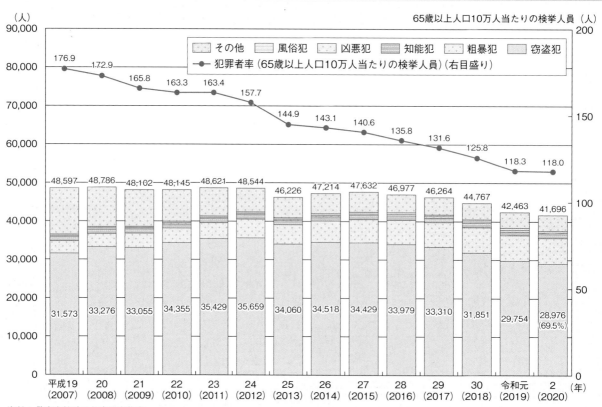

資料：警察庁統計より内閣府作成

度（3万4,057件）と比べて5.0％増加した。また、令和2年度の虐待判断件数は、養介護施設従事者等によるものが595件、養護者によるものが1万7,281件となっている。養護者による虐待の種別（複数回答）は、身体的虐待が68.2％で最も多く、次いで、心理的虐待が41.4％、介護等放棄が18.7％、経済的虐待が14.6％となっている。

養護者による虐待を受けている高齢者の属性を見ると、女性が75.2％を占めており、年齢階級別では「80～84歳」が23.6％と最も多い。また、虐待を受けている高齢者のうち、66.0％が要介護認定を受けており、虐待の加害者は、「息子」が39.9％と最も多く、次いで、「夫」が22.4％、「娘」が17.8％となっている（図1-2-3-8）。

図1-2-3-7　契約当事者が65歳以上の消費生活相談件数

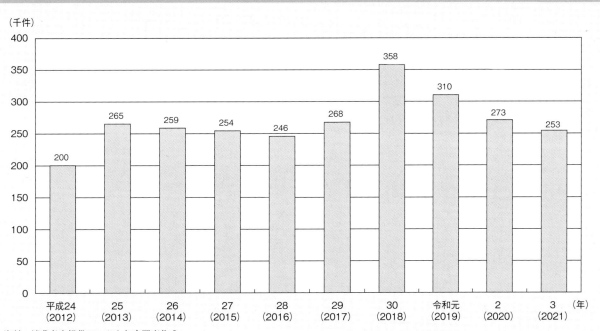

資料：消費者庁提供データより内閣府作成
（注）PIO-NET（全国消費生活情報ネットワークシステム）による平成24（2012）～令和3（2021）年受付分、令和4（2022）年3月31日までの登録分

図1-2-3-8　養護者による虐待を受けている高齢者の属性

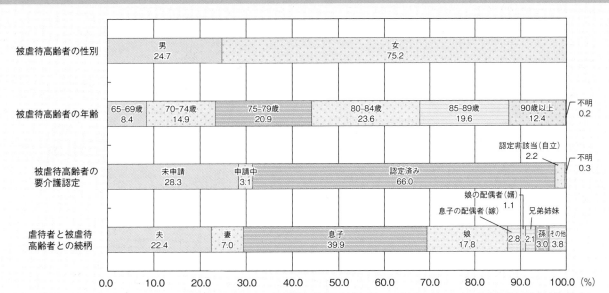

資料：厚生労働省「高齢者虐待の防止、高齢者の養護者に対する支援等に関する法律に基づく対応状況等に関する調査結果」（令和2年度）
（注）四捨五入の関係で、足し合わせても100.0％にならない場合がある。

キ 成年後見制度の利用者数は増加している

令和3年12月末時点における成年後見制度の利用者数は23万9,933人で、各類型（成年後見、保佐、補助、任意後見）で増加している（図1-2-3-9）。

ク 一人暮らしの60歳以上の者の5割超が孤立死を身近な問題と感じている

孤立死（誰にも看取られることなく、亡くなった後に発見される死）を身近な問題だと感じる（「とても感じる」と「まあ感じる」の合計）人

図1-2-3-9 成年後見制度の利用者数の推移

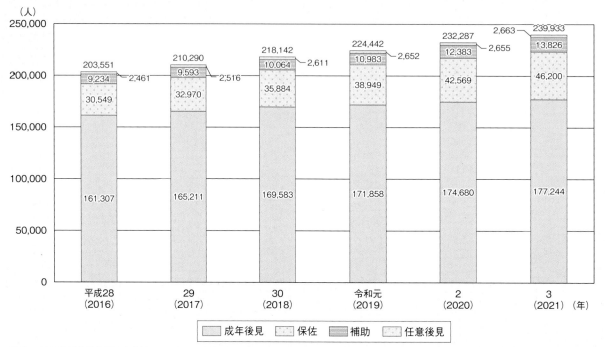

資料：最高裁判所事務総局家庭局
（注）調査時点は、いずれも各年の12月末時点

図1-2-3-10 孤立死を身近な問題と感じるものの割合

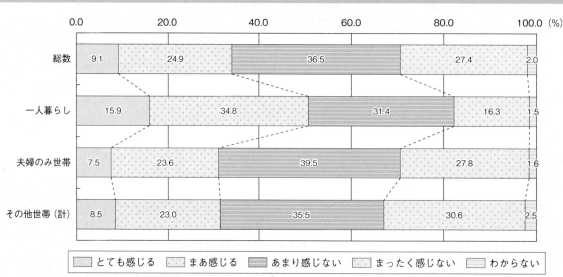

資料：内閣府「高齢者の住宅と生活環境に関する調査」（平成30年）
（注1）調査対象は全国60歳以上の男女
（注2）「その他世帯（計）」は、二世代世帯、三世代世帯及びその他の世帯の合計をいう。
（注3）四捨五入の関係で、足し合わせても100.0％にならない場合がある。
＊本調査における「孤立死」の定義は「誰にも看取られることなく、亡くなった後に発見される死」

の割合は、60歳以上の者全体では34.1％だが、一人暮らし世帯では50.8％と5割を超えている（図1－2－3－10）。

ケ　孤立死と考えられる事例が多数発生している

死因不明の急性死や事故で亡くなった人の検案、解剖を行っている東京都監察医務院が公表しているデータによると、東京23区内における一人暮らしで65歳以上の人の自宅での死亡者数は、令和2年に4,238人となっている（図1－2－3－11）。

(3) 60歳以上の者の自殺者数は減少

60歳以上の自殺者数を見ると、令和3年は7,860人と前年（8,126人）に比べ減少している。年齢階級別に見ると、60〜69歳（2,637人）、70〜79歳（3,009人）、80歳以上（2,214人）となり、それぞれにおいて前年に比べ減少している（図1－2－3－12）。

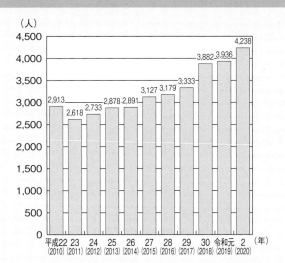

図1－2－3－11　東京23区内における一人暮らしで65歳以上の人の自宅での死亡者数

資料：東京都福祉保健局東京都監察医務院の統計より内閣府作成

図1－2－3－12　60歳以上の自殺者数の推移

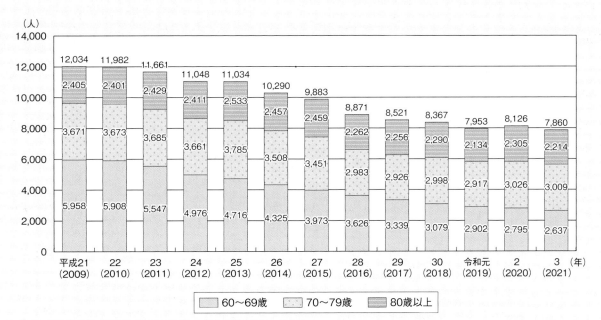

資料：厚生労働省・警察庁「令和3年中における自殺の状況」による。

医療機器の市場規模等

健康立国の実現のためには、科学技術を活用して高齢期の様々な課題の解決を図るとともに、高齢者向け市場の活性化を図ることが重要である。ここでは、医療機器の市場規模を例として見ることとする。

（1）医療機器の国内市場規模は拡大傾向

医療機器の国内市場規模の推移を見ると、拡大傾向にある。令和2年は前年に比べ減少したものの、引き続き4兆円を超えている（図1-2-4-1）。

（2）医療機器の輸出金額は増加傾向

医療機器の輸出金額の推移を見ると、平成22年以降増加傾向にある。令和元年、令和2年は約1兆円となっている（図1-2-4-2）。

図1-2-4-1　医療機器の国内市場規模の推移

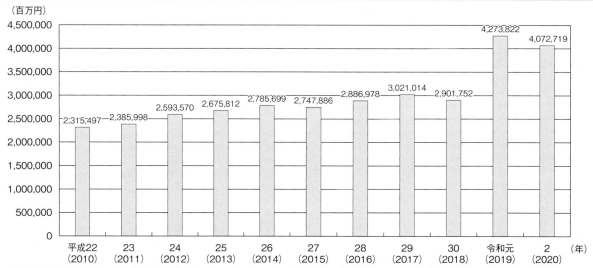

資料：厚生労働省「薬事工業生産動態統計年報」
(注1)　国内市場規模＝生産金額＋輸入品金額－輸出金額
(注2)　薬事工業生産動態統計の調査方法が令和元年から変更となったため、令和元年以降と平成30年以前の数値は単純に比較できない。

図1-2-4-2　医療機器輸出金額の推移

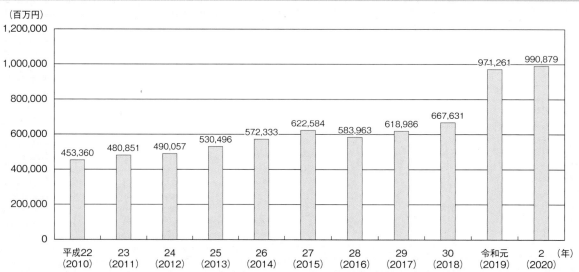

資料：厚生労働省「薬事工業生産動態統計年報」
(注)　薬事工業生産動態統計の調査方法が令和元年から変更となったため、令和元年以降と平成30年以前の数値は単純に比較できない。

第3節 〈特集〉高齢者の日常生活・地域社会への参加に関する調査

内閣府では、「高齢社会対策大綱」（平成30年2月閣議決定）に基づく、「就業・所得」「健康・福祉」「学習・社会参加」「生活環境」「研究開発・国際社会への貢献等」の分野を踏まえて、高齢社会対策に関する調査を実施している。令和3年度は「高齢者の日常生活・地域社会への参加に関する調査」を実施し、日常生活に関する事項と社会活動等への参加に関する事項についての意識や実態を把握することとした。

具体的には、主な調査項目として、「生きがいを感じる程度」「近所の人との付き合い方」「親しくしている友人・仲間」等について調査を行った。この白書では、調査結果の一部を紹介する。

内閣府
「高齢者の日常生活・地域社会への参加に関する調査」
○　調査地域：全国
○　調査対象者：60歳以上（令和3年11月1日現在）の男女
　※なお、本白書では、65歳以上の男女の集計結果を紹介する。
○　調査方法：郵送調査法
○　調査期間：令和3年12月6日～12月24日
○　有効回答数：2,435サンプル
　　（うち65歳以上（2,049サンプル））
○　有効回収率60.9%

【調査対象者の主な基本属性】

F1　性別

	N	%
全体	2,049	100.0
男性	984	48.0
女性	1,065	52.0

F2　年齢

	N	%
全体	2,049	100.0
65～74歳	1,110	54.2
75歳以上	939	45.8

1 生きがいを感じる程度について

生きがい（喜びや楽しみ）を感じる程度について見ると、生きがいを「十分感じている」が22.9%、「多少感じている」が49.4%となっており、合計すると72.3%となっている（図1-3-1-1）。

図1-3-1-1　生きがい（喜びや楽しみ）を感じる程度について（年齢・性別）

(%)

		十分感じている	多少感じている	あまり感じていない	まったく感じていない	不明・無回答
65歳以上	全体(n=2,049)	22.9	49.4	17.8	2.7	7.2
	男性(n=984)	23.0	50.1	19.2	2.1	5.6
	女性(n=1,065)	22.9	48.7	16.4	3.2	8.7
65～74歳	男性(n=565)	24.2	52.9	17.2	1.8	3.9
	女性(n=545)	25.7	51.0	14.9	1.8	6.6
75歳以上	男性(n=419)	21.2	46.3	22.0	2.6	7.9
	女性(n=520)	20.0	46.3	18.1	4.6	11.0

※　四捨五入の関係で回答した人の割合の合計が100.0%とならない場合がある。

2 日常生活の状況について

（1）近所の人との付き合い方について、65歳以上の人の82.8%が「会えば挨拶をする」、57.3%が「外でちょっと立ち話をする」と回答している。

近所の人との付き合い方を見ると、「会えば挨拶をする」（82.8％）が最も高い。次いで、「外でちょっと立ち話をする」（57.3％）、「物をあげたりもらったりする」（50.8％）となっている。また、男性よりも女性の方が、「外でちょっと立ち話をする」「物をあげたりもらったりす

る」などと回答した人の割合が高い（図1－3－2－1）。

また、近所の人との付き合い方別に生きがいを感じる程度を見ると、生きがいを「十分感じている」と回答した人の割合は、「趣味をともにする」と回答した人では33.2％、「お茶や食事を一緒にする」と回答した人では30.4％、「外でちょっと立ち話をする」と回答した人では26.2％と、いずれもこうした付き合いをしていない人に比べ、高くなっている（図1－3－2－2）。

図1－3－2－1　近所の人との付き合い方（複数回答）（年齢・性別）

(%)

		会えば挨拶をする	外でちょっと立ち話をする	物をあげたりもらったりする	相談ごとがあった時、相談したり、相談されたりする	お茶や食事を一緒にする	趣味をともにする	病気の時に助け合う	家事やちょっとした用事をしたり、してもらったりする	その他	不明・無回答
65歳以上	全体(n=2,049)	82.8	57.3	50.8	20.3	16.8	15.1	7.5	7.3	2.9	0.7
	男性(n=984)	83.9	50.9	46.2	17.2	10.1	14.5	6.0	7.3	2.0	0.4
	女性(n=1,065)	81.7	63.2	54.9	23.2	23.1	15.7	8.9	7.2	3.8	1.0
65～74歳	男性(n=565)	86.0	49.0	43.4	12.6	6.2	10.6	3.4	5.5	1.8	0.2
	女性(n=545)	84.2	68.4	54.7	21.3	22.6	12.3	6.6	3.5	1.8	0.2
75歳以上	男性(n=419)	81.1	53.5	50.1	23.4	15.3	19.8	9.5	9.8	2.4	0.7
	女性(n=520)	79.0	57.7	55.2	25.2	23.7	19.2	11.3	11.2	5.8	1.9

図1－3－2－2　生きがいを感じる程度について（近所の人との付き合い方別）

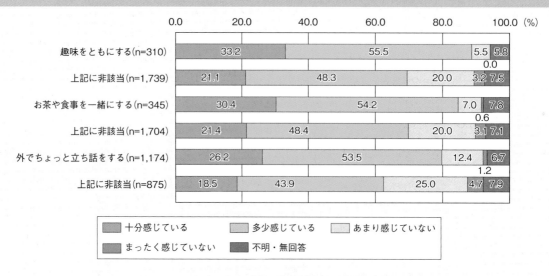

※　四捨五入の関係で回答した人の割合の合計が100.0％とならない場合がある。

（2）親しくしている友人・仲間について、65歳以上の人の 79.6％が親しくしている友人・仲間を持っていると感じている。

親しくしている友人・仲間について、「普通に持っていると感じる」（39.1％）が最も高く、次いで、「少し持っていると感じる」（35.1％）となっており、「たくさん持っていると感じる」（5.3％）を合わせ、79.6％が親しくしている友人・

仲間を持っていると回答している（図1-3-2-3）。

また、親しくしている友人・仲間を、より多く持っていると回答した人ほど、生きがいを「十分感じている」と回答した人の割合は高くなっている（図1-3-2-4）。

図1-3-2-3　親しくしている友人・仲間をどの程度持っていると感じるか（年齢・性別）

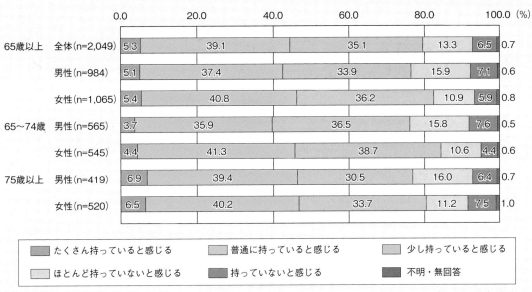

※　四捨五入の関係で回答した人の割合の合計が100.0％とならない場合がある。

図1-3-2-4　生きがいを感じる程度について（親しくしている友人・仲間を持っている程度別）

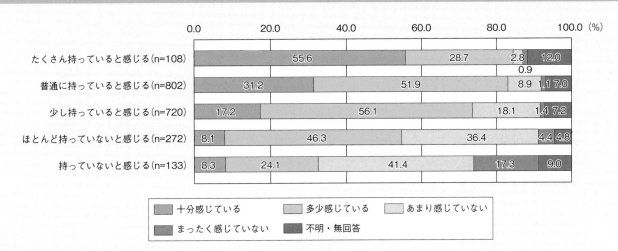

※　四捨五入の関係で回答した人の割合の合計が100.0％とならない場合がある。

（3）ふだんの外出について、65歳以上の人の85.5％が「よく外出する」「たまに外出する」と回答している。

ふだん（散歩なども含め）外出するかを見ると、「よく外出する」が55.6％、「たまに外出する」が29.9％となっており、合計すると85.5％となっている。

65～74歳の人の方が75歳以上の人よりも「よく外出する」と回答した人の割合は高く、女性よりも男性の方が「よく外出する」と回答した割合は高い（図1－3－2－5）。

また、外出頻度が高い人ほど生きがいを「十分感じている」と回答した人の割合は高くなっている（図1－3－2－6）。

図1－3－2－5　ふだん（散歩なども含め）外出するか（年齢・性別）

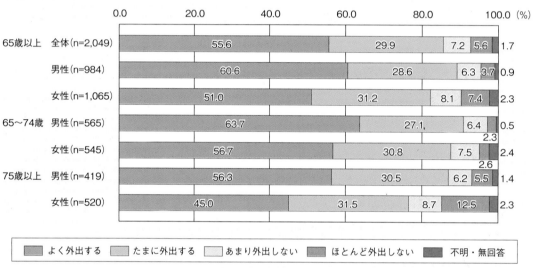

※　四捨五入の関係で回答した人の割合の合計が100.0％とならない場合がある。

図1－3－2－6　生きがいを感じる程度について（外出頻度別）

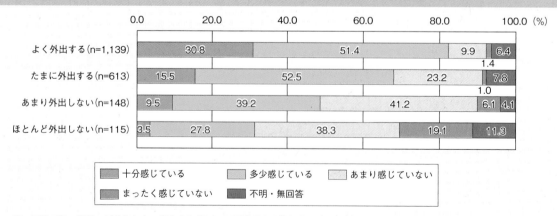

※　四捨五入の関係で回答した人の割合の合計が100.0％とならない場合がある。

また、高齢者が外出するに当たって不便に思ったり、気になったりすることについては、「ちょっと休むベンチや休憩所が少ない」（27.7%）、「道路に段差があったり、道路が狭い、滑りやすい」（17.9%）、「トイレが少ない、汚い、使いづらい」（17.9%）などが多くなっている（図1-3-2-7）。

図1-3-2-7　外出に当たって不便に思ったり、気になったりすること（複数回答）（年齢・性別）

(%)

		ちょっと休むベンチや休憩所が少ない	道路に段差があったり、道路が狭い、滑りやすい	トイレが少ない、汚い、使いづらい	夜間の道路照明が暗い、街路灯が少ない	歩道がない、または歩道が狭い、歩きにくい	駅に階段が多く、エスカレーター、エレベーターが少ない	駐車場、駐輪場が少ない	バスや電車の車両のステップが高く、利用しにくい
65歳以上	全体(n=2,049)	27.7	17.9	17.9	16.8	15.6	8.1	7.1	5.3
	男性(n=984)	24.7	14.3	20.8	16.8	15.0	6.7	9.8	3.2
	女性(n=1,065)	30.4	21.2	15.1	16.9	16.2	9.3	4.6	7.3
65~74歳	男性(n=565)	20.2	10.3	20.5	16.1	14.3	5.0	9.4	1.8
	女性(n=545)	26.8	16.9	15.6	20.6	15.6	7.2	5.9	5.3
75歳以上	男性(n=419)	30.8	19.8	21.2	17.7	16.0	9.1	10.3	5.0
	女性(n=520)	34.2	25.8	14.6	13.1	16.7	11.5	3.3	9.4

（4）情報機器の利用内容について、65歳以上の人の23.7%が「インターネットで情報を集めたり、ショッピングをする」と回答している。

情報機器の利用内容を見ると、「インターネットで情報を集めたり、ショッピングをする」（23.7%）が最も高い。一方、「情報機器を使わない」と回答している人が17.0%となっており、中でも75歳以上の人は「情報機器を使わない」と回答した割合が高い（図1-3-2-8）。

情報機器の利用内容別に生きがいを感じる程度を見ると、生きがいを「十分感じている」と回答した人の割合は、「情報機器を使わない」と回答した人では10.3%であるのに比べて、「パソコンの電子メールで家族・友人などと連絡をとる」「インターネットで情報を集めたり、ショッピングをする」「SNS（Facebook、Twitter、LINE、Instagramなど）を利用する」と回答した人では3割を超えている（図1-3-2-9）。

(%)

		インターネットで情報を集めたり、ショッピングをする	SNS（Facebook、Twitter、LINE、Instagramなど）を利用する	パソコンの電子メールで家族・友人などと連絡をとる	情報機器を使わない
65歳以上	全体(n=2,049)	23.7	13.1	12.2	17.0
	男性(n=984)	32.9	15.7	18.1	15.5
	女性(n=1,065)	15.1	10.8	6.9	18.4
65〜74歳	男性(n=565)	44.2	21.6	22.3	8.5
	女性(n=545)	24.0	15.8	9.7	7.5
75歳以上	男性(n=419)	17.7	7.6	12.4	25.1
	女性(n=520)	5.8	5.6	3.8	29.8

※　「情報機器の利用内容」の回答項目は、「パソコンの電子メールで家族・友人などと連絡をとる」「インターネットで情報を集めたり、ショッピングをする」「SNS（Facebook、Twitter、LINE、Instagram など）を利用する」「ファックスで家族・友人などと連絡をとる」「携帯電話・スマホで家族・友人などと連絡をとる」「ホームページやブログへの書き込みまたは開設・更新をする」「ネットバンキングや金融取引（証券・保険取引など）をする」「国や行政の手続きをインターネットで行う（電子政府・電子自治体）」であり、「情報機器を使わない」とは、これらのいずれにも該当しない人をいう。

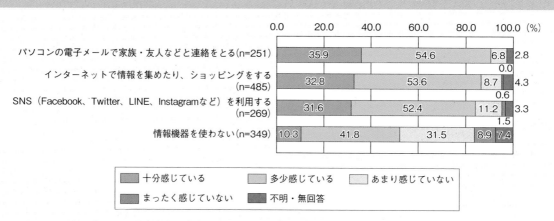

	十分感じている	多少感じている	あまり感じていない	まったく感じていない	不明・無回答
パソコンの電子メールで家族・友人などと連絡をとる(n=251)	35.9	54.6	6.8	2.8	0.0
インターネットで情報を集めたり、ショッピングをする(n=485)	32.8	53.6	8.7	4.3	0.6
SNS（Facebook、Twitter、LINE、Instagramなど）を利用する(n=269)	31.6	52.4	11.2	3.3	1.5
情報機器を使わない(n=349)	10.3	41.8	31.5	8.9	7.4

凡例：
■ 十分感じている　■ 多少感じている　□ あまり感じていない
■ まったく感じていない　■ 不明・無回答

※　四捨五入の関係で回答した人の割合の合計が100.0%とならない場合がある。

（参考）総務省「通信利用動向調査」より インターネットを利用する人が増加傾向

過去1年間にインターネットを利用したことがあるかについて、利用者の年齢階級別に10年前と比較すると、70〜79歳が20.4ポイント増、60〜69歳が18.3ポイント増となっている（図1−3−2−10）。

図1−3−2−10　利用者の年齢階級別インターネット利用率（年齢別）

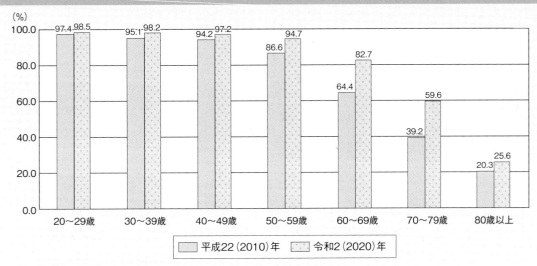

資料：総務省「通信利用動向調査」
（注）無回答を除く。

また、インターネットを利用したことがあると回答した65歳以上の者の使用頻度について見ると、55.9％が「毎日少なくとも1回」は利用していると回答している（図1−3−2−11）。

図1−3−2−11　インターネットの使用頻度（65歳以上のインターネット利用者）

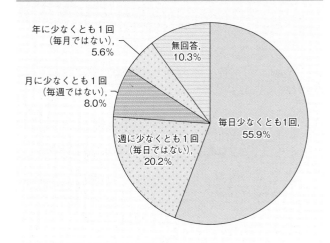

資料：総務省「通信利用動向調査」（令和2年）
※　四捨五入の関係で回答した人の割合の合計が100.0％とならない場合がある。

3 社会活動等への参加について

（1）65歳以上の人の30.2%が、収入の伴う仕事をしていると回答している。

現在、収入の伴う仕事をしているかどうかを見ると、自営農林漁業、自営商工サービス業、会社または団体の役員、フルタイムの被雇用者、パートタイム・臨時の被雇用者を合わせて30.2%が、収入の伴う仕事をしていると回答している。

収入の伴う仕事をしていると回答した割合は、65〜74歳の人の方が75歳以上の人よりも高くなっており、男性の方が女性よりも高い（図1－3－3－1）。

また、収入の伴う仕事をしている人の方が、収入の伴う仕事をしていない人よりも、生きがいを「十分感じている」と回答した人の割合が高い（図1－3－3－2）。

図1－3－3－1　現在の収入の伴う仕事（年齢・性別）

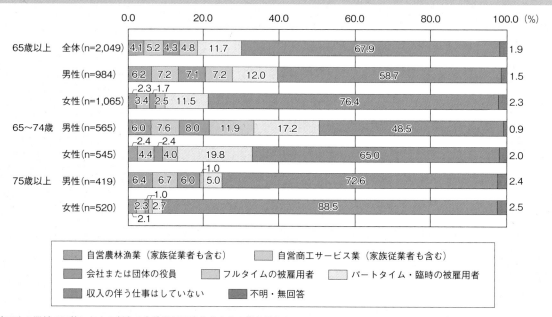

※　四捨五入の関係で回答した人の割合の合計が100.0％とならない場合がある。

図1－3－3－2　生きがいを感じる程度について（収入の伴う仕事の有無別）

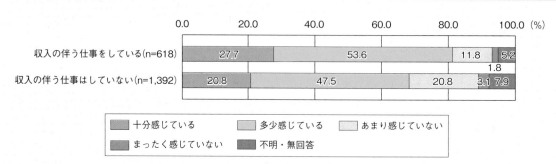

※　四捨五入の関係で回答した人の割合の合計が100.0％とならない場合がある。

（2）65歳以上の人の51.6％が社会活動に参加している。

過去1年間の社会活動への参加を見ると、65歳以上の人のうち、社会活動に参加した人は51.6％となっている。活動内容については、「健康・スポーツ（体操、歩こう会、ゲートボール等）」（27.7％）、「趣味（俳句、詩吟、陶芸等）」（14.8％）などとなっている（図1－3－3－3）。

また、社会活動に参加した人の方が、参加していない人よりも、生きがいを「十分感じている」と回答した割合が高い（図1－3－3－4）。

図1－3－3－3　過去1年間の社会活動への参加（複数回答）（年齢・性別）

(%)

		健康・スポーツ（体操、歩こう会、ゲートボール等）	趣味（俳句、詩吟、陶芸等）	地域行事（祭りなどの地域の催しものの世話等）	生活環境改善（環境美化・緑化推進、まちづくり等）	生産・就業（生きがいのための園芸・飼育、シルバー人材センター等）	安全管理（交通安全、防犯・防災等）	教育関連文化啓発活動（学習会、子ども会の育成、郷土芸能の伝承等）	高齢者の支援（家事援助、移送等）	子育て支援（保育への手伝い等）	その他	1年間に活動または参加した（再掲）	活動または参加したものはない	不明・無回答
65歳以上	全体（n=2,049）	27.7	14.8	13.2	10.1	7.4	6.1	4.6	2.4	2.0	2.3	51.6	39.9	8.5
	男性（n=984）	26.3	11.3	19.1	14.7	9.9	9.8	6.1	1.9	1.8	2.5	55.0	39.1	5.9
	女性（n=1,065）	28.9	18.0	7.8	5.8	5.2	2.8	3.3	2.8	2.3	2.1	48.5	40.7	10.9
65〜74歳	男性（n=565）	25.7	10.3	18.8	15.9	9.4	10.6	6.5	2.1	1.9	2.5	54.2	41.6	4.2
	女性（n=545）	30.3	19.4	8.3	7.2	5.7	3.3	4.6	2.9	3.7	1.7	50.6	41.8	7.5
75歳以上	男性（n=419）	27.2	12.6	19.6	13.1	10.5	8.6	5.5	1.7	1.7	2.6	56.1	35.8	8.1
	女性（n=520）	27.5	16.5	7.3	4.4	4.6	2.3	1.9	2.7	0.8	2.5	46.2	39.4	14.4

図1－3－3－4　生きがいを感じる程度について（社会活動への参加の有無別）

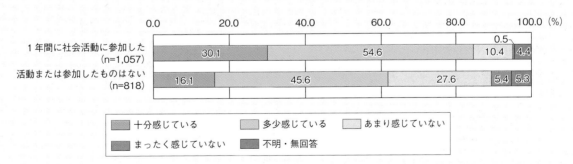

	十分感じている	多少感じている	あまり感じていない	まったく感じていない	不明・無回答
1年間に社会活動に参加した（n=1,057）	30.1	54.6	10.4	0.5	4.4
活動または参加したものはない（n=818）	16.1	45.6	27.6	5.4	5.3

※　四捨五入の関係で回答した人の割合の合計が100.0％とならない場合がある。

（3）社会活動に参加して良かったと思うことについて、65歳以上の人の48.8%が「生活に充実感ができた」と回答している。

社会活動に参加して良かったと思うことを見ると、「生活に充実感ができた」（48.8％）が最も高い。次いで、「新しい友人を得ることができた」（39.1％）、「健康や体力に自信がついた」（34.6％）などとなっている（図1－3－3－5）。

図1－3－3－5　社会活動に参加して良かったと思うこと（複数回答）（年齢・性別）

(%)

		生活に充実感ができた	新しい友人を得ることができた	健康や体力に自信がついた	地域社会に貢献できた	お互いに助け合うことができた	自分の技術、経験を生かすことができた	社会への見方が広がった	その他	特にない	不明・無回答
65歳以上	全体(n=1,057)	48.8	39.1	34.6	32.4	27.6	22.5	12.7	1.2	4.6	3.1
	男性(n=541)	44.4	35.5	29.8	42.0	27.9	24.2	15.5	1.3	5.5	2.6
	女性(n=516)	53.5	42.8	39.7	22.3	27.3	20.7	9.7	1.2	3.7	3.7
65～74歳	男性(n=306)	43.1	31.4	28.1	45.4	26.1	23.5	17.0	2.0	5.6	1.6
	女性(n=276)	54.7	37.7	36.2	24.3	23.6	22.5	8.3	0.7	3.3	3.6
75歳以上	男性(n=235)	46.0	40.9	31.9	37.4	30.2	25.1	13.6	0.4	5.5	3.8
	女性(n=240)	52.1	48.8	43.8	20.0	31.7	18.8	11.3	1.7	4.2	3.8

4　健康について

現在の健康状態について、「良い」「まあ良い」と回答した65歳以上の人が31.2%となっている。

現在の健康状態を見ると、「良い」（11.8%）、「まあ良い」（19.4%）の合計で31.2%となって

いる（図1－3－4－1）。

また、現在の健康状態別に生きがいを感じる程度を見ると、健康状態が良い人の方が良くない人よりも、生きがいを「十分感じている」と回答した割合は高い（図1－3－4－2）。

図1－3－4－1　現在の健康状態（年齢・性別）

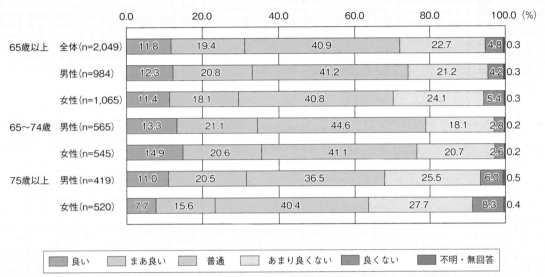

※　四捨五入の関係で回答した人の割合の合計が100.0%とならない場合がある。

図1－3－4－2　生きがいを感じる程度について（現在の健康状態別）

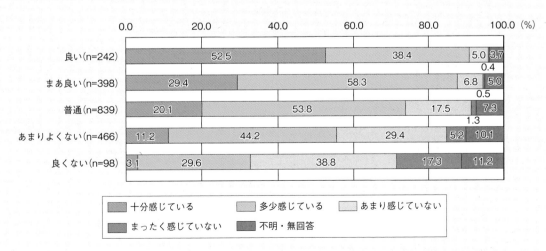

※　四捨五入の関係で回答した人の割合の合計が100.0%とならない場合がある。

5 まとめ

今回の調査においては、「日常生活に関する事項」と「社会活動等への参加に関する事項」の大きく2つの項目について調査を実施し、また、調査結果の分析に当たっては、高齢者の生きがい（喜びや楽しみ）に着目して分析を行った。

（1）日常生活について

○　近所の人との付き合いについては、趣味をともにする、お茶や食事を一緒にするなどの付き合いをしている人は、いずれもこうした付き合いをしていない人に比べ、生きがいを「十分感じている」と回答した人の割合が高くなっている。また、親しくしている友人・仲間を、より多く持っている人ほど、生きがいを「十分感じている」と回答した人の割合が高くなっている。今後も、一層の高齢化の進行が見込まれる中、高齢者が生きがいを持って満ち足りた人生を送るためには、さらに、身近な地域での居場所や役割、友人・仲間とのつながりを持つことが重要となってくると考えられる。

○　ふだんの外出については、外出する頻度がより多いと回答した人ほど、生きがいを「十分感じている」と回答した人の割合が高くなっている。高齢者が、更に年を重ねても外出を続けることができるよう、休憩所を増やしたり、道路の段差を解消したりするなど、高齢者が外出しやすい環境づくりも重要と考えられる。

○　情報機器の利用については、情報機器を使わない人に比べ、パソコンの電子メールによる家族等との連絡や、インターネットによるショッピング、SNSの利用などをしている人の方が、生きがいを「十分感じている」と回答している人の割合が高い。

また、インターネットを利用している高齢者が増加している。今後も、高齢者に係るデジタルデバイド解消に向けた支援が重要である。

（2）社会活動等について

○　就業や社会活動については、収入の伴う仕事をしたり、社会活動に参加したりしている人は、生きがいを「十分感じている」と回答した人の割合が高くなっている。また、社会活動への参加により、生活に充実感を感じたり、新しい友人を得たりするきっかけともなっている。さらに、健康状態が良い人ほど生きがいを「十分感じている」と回答した人の割合が高くなっている。

このため、高齢者が、様々な就業や社会活動への参加の機会が得られるよう、環境整備を図るとともに、その基礎となる健康づくりを、高齢期、更には生涯にわたって推進していくことが重要である。

トピックス

グリーンスローモビリティの取組事例①
〜高齢者の社会参加による介護予防、高齢者の活躍する機会の創出〜

事業の目的・概要

　千葉県松戸市では、地域内の地形の高低差等の特性や公共交通の不足により、高齢者は日常的な買物、通院を含め社会参加するための移動に苦慮している。また、外出等の社会参加が減少するとフレイル（虚弱）が懸念され、高齢者はこれまで培ってきた知識・技術等があっても、それを活かす機会と場を失ってしまう。

　そこで、高齢者の社会参加を促進するとともに、地域の活性化、カーボンニュートラルの実現、SDGsの達成に向け、公共交通の狭間に用いる地域内の小さな移動方法として、高齢者でも安心して利用しやすいグリーンスローモビリティ（低速の電気自動車を利用した地域による移動サービス）を活用することとした。

具体的な取組内容

　令和元年及び3年、地域が考え地域が運営することを前提に、利用料無料で、無償ボランティアを運転手としたスキームによる実証調査を実施した。

　運営者である自治会が中心となって、地域の企業等の協力も得て地域の巡回、買物、駅、グラウンドゴルフなどへの移動に活用されている。

事業効果

　運営者、運転手、利用者の全てが地域の人々であることから、小さな移動手段という効果にとどまらず、地域のコミュニケーションツールとしても効果があった。特に、後期高齢者の買物などへの利用が多く、行動範囲が拡大するとともに、利用中にコミュニケーションが活発になった人が7割以上であったという。

　そのほか、数年間外出を控えていた人がグリーンスローモビリティに乗って地域へと外出したり、イベントの際に、子供たちの送迎に利用したりするなど活用の場が拡大している。

今後の展開

　本格実施に向け、新たに実証調査地域を拡大できるように自治会を始め関係機関間で調整が進められている。行政としても、安全性を確保するための走行ルートの選定など、地域で主体的に運営していくための様々な支援を行っていく必要があるとしている。

【グリーンスローモビリティの運行の様子】

トピックス

グリーンスローモビリティの取組事例②
～スローな空間・スローな乗り物～

事業の目的・概要

　岡山県笠岡市では、高齢化が著しく進展する離島（北木島（人口646人、高齢化率74.8％）・高島（人口71人、高齢化率62.0％）※）において、高齢者の移動支援のほか、「日本遺産」認定に伴う観光客増への対応、燃油に頼らない移動手段確保のため、実証実験を経て令和2年12月に本格的にグリーンスローモビリティを導入し、観光客の輸送や買物・通院のため本土へ向かう島民の港までの移動手段の確保を目的として、島内交通を NPO 法人や自治会が運行主体となり実施している。

※トピックスにおいては、人口及び高齢化率は令和4年3月31日時点

具体的な取組内容

　北木島では、NPO 法人により、自家用有償運送によるデマンドタクシー形態で運行されており、自宅前から港までのドア・ツー・ドアの移動サービスを実施している。また、観光客は、「日本遺産」の点在するスポットを解放感のある車両で島の空気を感じながら巡ることができる。

　高島では、自治会により運行され、利用者は無償で利用でき、デイサービスや百歳体操への参加など日常における外出支援や、生活用品の運搬などの生活支援に活用されている。

事業効果

　北木島では、島内利用者と運転手との日頃のコミュニケーションによる運転手からの誘い出し等によって、外出機会の増進につながっているほか、緊急時の搬送などにも活用されている。また、島外利用者にも運転手から声掛けし、観光案内も含めた送迎が行われており、利便性の向上に貢献している。

　高島では、道路拡幅により、四輪車両の乗り入れ可能エリアが拡大し、90歳を超える方が外出可能となるなど、長生きの秘訣ともいえる社会とのつながりの維持に欠かせないアイテムになっている。また、車両は高島のオリジナルキャラクターのステッカーで装飾され、愛称をつけて島民全体で親しみを持って利用されている。

今後の展開

　北木島、高島において周知を重ね利用者拡大を図りながら、他の島においてもグリーンスローモビリティの導入を検討する。独居高齢者が、島での暮らしを安心して続けられる一助となるよう活用を進める。

　なお、今後も持続可能な取組とするため組織内での後継者育成が求められている。

【グリーンスローモビリティの運行の様子】

トピックス

デジタルを活用し高齢者と地域のつながりを生み出している事例①
～ DX（デジタル変革）による地域コミュニティの価値化～

事業の目的・概要

　富山県朝日町（人口1万1,206人、高齢化率44.5%）では、㈱博報堂と連携して、高齢化や免許返納の増加を背景に、地域における移動の課題を持続的な形で解決するための事業を展開している。

　ドライバー不足や財政上の課題により、既存のバスやタクシーによる解決が難しい中、地域住民・自家用車といった活用可能な資産をウェブ上でのマッチングシステムやドライバー向けアプリなどのデジタル技術を用いることで、高齢者の移動の課題のみならず、地域内の交流や外出機会の減少などのコミュニティの課題の解決も目指している。

具体的な取組内容

　住民のふだんのマイカーでの移動のついでに、「共助」の精神をもとに、近所の困っている人を乗せる乗合サービス「ノッカル」に取り組んでいる。高齢化で免許返納も進み、自由な移動や交流がしづらい高齢者と、地域に貢献したい住民とを、「ノッカル」専用のマッチングシステムを使って相乗りさせる仕組みである。事業主体は行政でありつつ、運行管理を交通事業者、ドライバーを住民が担当し、地域全体での取組になっている。

事業効果・今後の展開

　令和2年8月から実証実験を行い、利用者・ドライバーともに増え続け、令和3年10月からは本格実施している。コミュニティバス・タクシーと並ぶ、朝日町の公共交通として、高齢者の移動の選択肢の一つになっている。また、「ノッカル」をきっかけに住民同士の交流も加速しており、「世代を超えた交流」「移住者の地域への溶け込み」「高齢者の移動範囲の拡大」等の副次的効果も現れている。

　今後は、「ノッカル」以外にも、日常のちょっとした困りごとを住民同士で解決する共助型サービスや、地域通貨を活用した地域内の移動需要を創出させる仕組み作りにも取り組むこととしている。

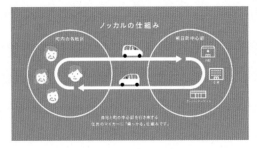

【ノッカルによる乗合の様子】

トピックス

デジタルを活用し高齢者と地域のつながりを生み出している事例②
～ユーザー平均年齢87歳の新たなチャレンジ～

事業の目的・概要

　長野県大鹿村（人口937人、高齢化率46.7%）では、日本郵便㈱と連携し、少子高齢化に伴う高齢者の増加とそれを支える担い手不足という地域社会が抱える課題を解決することを目的として、スマートスピーカーの音声認識機能などデジタル技術を活用した高齢者の見守り事業を展開している。

　また令和4年1月からは、デジタルだけではなく、郵便局での問合せの受付や村職員による利用者フォロー等、リアルを組み合わせることで、高齢者の情報格差解消に向けた取組を強化している。

具体的な取組内容

　大鹿村では、スマートスピーカーを設置するのに必要なWi-Fi環境を整えるため、通信会社との調整を行い、その費用や機器の初期設定代を村が負担することで、スマートスピーカーの普及を図っている。

　スマートスピーカー上で動作するアプリにより、利用者の生活状況が定期的に確認されるほか、村役場がPCから生活状況の確認結果を一覧把握できる仕組みが導入されている。また、家族においてもLINEアプリから利用者の生活状況が確認可能となっている。

　また村からは、お知らせの一斉通知が可能であるほか、家族からは、LINEアプリを通じて写真・動画の送信ができるなど、利用者とその家族、村役場間のコミュニケーションの円滑化が図られている。

　分かりやすい利用者マニュアルや郵便局での問合せの受付、村職員による定期的なスマートスピーカーの利用状況確認など利用者に寄り添ったフォローを実施している。

事業効果・今後の展開

　アプリの機能（生活状況の一覧把握や利用者への一斉情報発信など）や操作性（各種情報の通知や音声での操作、LINEアプリによる情報発信など）、スマートスピーカーの持つエンターテインメント機能などが利用者、家族から高く評価されているが、更なる利用者拡大に向けて取組を進めることとしている。

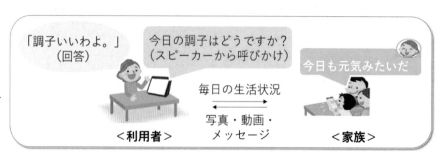

トピックス

高齢者雇用の推進の取組事例①
～豊富な経験や能力発揮の場を提供～

定年・継続雇用制度の概要

㈱ノジマ（本社：横浜市、小売業）では、平成25年4月に定年を60歳から65歳へ引き上げ、また令和2年7月には、定年後の継続雇用に向け、再雇用契約の年齢上限を80歳までとする就業規則を新たに策定している。

（高齢者雇用の状況）令和4年4月1日時点
65～69歳：36人、70～74歳：27人、75～79歳：4人、80歳以上：2人

高齢者雇用を推進している理由

現在、日本では健康寿命が延び続け、「人生100年時代」と言われている反面、定年後の働き口が少ないとの問題意識のもと、同社では、定年後も80歳まで雇用することが、高齢者の雇用機会を創出する動きが社会全体に広がるきっかけになることを目指して高齢者雇用に取り組んでいる。

また、高齢者を雇用することは、同世代の顧客からの根強い支持があるだけでなく、若い従業員のよき指導者や相談相手になってもらえるなど、企業としてのメリットも大きいとしている。

高齢者が働きやすいように工夫していること

無理のない範囲で働けるように、働く日数や時間数をそれぞれの健康面や事情に合わせて柔軟に調整できるようにしている。また、あえて高齢を理由に仕事を制限せず、若い従業員と同じ職場とするとともに、同様の指標で評価することにより、他の世代からの刺激や張り合いを感じられる環境づくりを進めている。

今後の課題・計画

高齢従業員の増加に伴い、契約更新時の健康状態の把握をよりきめ細かに行うため、既存の健康診断だけではなく、健康管理体制の更なる充実を図っていくこととしている。

【業務中の高齢者】

高齢者雇用の推進の取組事例②
～高齢者が活き活きと働ける、生涯現役の会社づくり～

定年・継続雇用制度の概要
　㈱美装管理（本社：大分県別府市、ビルメンテナンス業）では、定年を70歳に引き上げるとともに、希望者全員の75歳までの再雇用制度を設け、更にその後も健康で勤務可能な者は継続雇用している。

（高齢者雇用の状況）令和4年4月1日時点
60～64歳：5名、65～69歳：8名、70～74歳：7名、75～79歳：6名、最高齢：78歳

高齢者雇用を推進している理由
　ビルメンテナンス業は毎日反復できる比較的軽作業で高齢者に向いている業務であることもあり、安心して長く働ける企業づくりに取り組んだ結果、入社した社員が退職することなく継続勤務し、平均年齢も勤務年数とともに上昇している。
　また、長く勤務していることにより、現場での顧客・利用者とのコミュニケーションも充分に取られ、高齢者が重要な戦力となっている。

高齢者が働きやすいように工夫していること
　作業負担を軽減できる機器を導入し、業務依頼元と協議し作業環境の改善を図っている。
　また、伝統的な「木部灰汁洗い」の技術を若手社員とのペア就労を通じて指導・継承することで、急な休みにも対応できる代行業務担当者の確保につながり、柔軟な勤務体制の構築を可能にしている。
　加えて、入院費を保障する保険への会社負担での加入や健康診断時における骨粗しょう症検診の実施、資格のある社員によるメンタルヘルスケア等により、高齢者の健康面の配慮を図っている。

今後の課題・計画
　将来的には定年制の廃止を検討しており、健康面での不安解消のため、一般健康診断にプラスした健康診断や産業医によるカウンセリングの更なる充実を図ることとしている。

【業務中の高齢者】

【木部灰汁洗い清掃後の神社】

トピックス

社会活動への参加促進の取組事例①
～野菜づくりで生きがいづくり～

事業の目的・概要

大阪市鶴見区においては、定年退職後の高齢者の地域での居場所づくりや社会活動への参加が課題となっており、それを促すため、栽培した野菜をこども食堂等へ無償で提供するボランティア講座を社会福祉協議会が平成29年秋に開催した。

その講座終了時の話合いで、受講者らで引き続き活動する意思のもと、平成30年4月に「鶴見区シニアボランティアアグリ」（以下「アグリ」という。）が立ち上げられた。

民間企業からの助成金で農具を購入し畑の栽培面積が拡大したことで、野菜の種類や量も増加し、こども食堂等へ提供した後で返ってくる「おいしかったよ！」の声やお礼メールでモチベーションが高まり、次の栽培への活力や生きがいにつながっている。

具体的な取組内容

安心・安全な野菜を1年を通して計画的に栽培し、区内のこども食堂等へ無償提供している。

その際、持続的に野菜を提供できるよう、年会費や民間企業からの助成金を活用して種や農具を購入している。

また、見学依頼を随時受けることでメンバーの新規加入につなげるとともに、児童向けの芋掘り体験会を行うことで世代間交流の機会をつくり、新たな活力につなげている。

他方、ボランティア活動であることから、高齢者が自分のライフスタイル（仕事、介護、趣味、学習）に合わせて参加し、気兼ねなく可能な範囲で活動できるよう留意しているほか、週1回の全体ミーティングで一緒に考え、協力することで、仲間意識を高めるとともに、ミーティングに参加できない人でも、別の日に水やり当番に参加したり、得意なパソコンスキルを活かして助成金の申請書を作成したり、Facebookで活動を発信したりと、それぞれ力を発揮できるような環境づくりを行っている。

事業効果・今後の展開

「アグリに加入したことで仲間ができ、他の運動サークルへの誘いにも参加するなど居場所が増えた。」「病気を患ったが、治療後の回復が早く、体力が戻り次第アグリの活動に復帰した。」といった体験談が寄せられている。

今後は、活動内容を広く住民に周知し、新たに貸与可能な土地所有者も探しながら、定年退職後の高齢者の社会活動・生きがいづくりの場を増やしていくこととしている。

【農作業の様子】

【児童向け芋掘り体験会の様子】

社会活動への参加促進の取組事例②
〜そこに住む誰もが「お互いさま」を目指して〜

事業の目的・概要

横浜市栄区の「お互いさまねっと公田町団地」では、団地内で立て続けに孤独死が起きたことをきっかけに、行政とともにタウンミーティングを行い、「孤独死予防モデル事業」として平成20年10月から活動している。団体の構成員14人は設立当時から同じメンバーであり、拠点の運営・見守り活動などを実施している。

具体的な取組内容

地域の活性化と住民が安心して生活できるようなまちづくりに寄与することを目的とし、一人暮らし世帯等の状況把握や緊急時の安否確認など、高齢者の孤立や孤独死の予防を考慮した見守り活動を実施している。

また、週1回の「あおぞら市」（買物支援）や週5回の「交流サロン」（昼食の提供、交流）、仲間づくりのための交流会（気功、ヨガ、麻雀、ビアガーデンなど）を開催しているほか、区役所、地域ケアプラザなどとの定期的な連絡会議を開催し、情報共有を図っている。

事業効果・今後の展開

団地に常に居場所があることにより、「困った時は助けてもらえる」という住民の安心感が醸成されている。

日頃から行政など関連機関と連絡会議を行っており、また、新聞配達員や住民からも情報がいち早く集まる体制を構築することにより、一人暮らしの高齢者の見守りや有事の際の迅速な連携につながっている。

今後は、後継者の育成に力を入れていくこととしている。

【令和3年度社会参加章伝達式の様子】

【交流サロンの様子】

トピックス

TOPICS

誰もが健やかに暮らせる地域づくりの取組事例
～コミュニティナースの取組～

事業の目的・概要

　奈良県川上村（人口1,271人、高齢化率57.9％）では、村が主体となって「（一社）かわかみらいふ」を設立し、移動スーパー、宅配事業等を平成28年10月より開始している。平成29年4月からは、移動販売の機会にあわせて、村で採用した「コミュニティナース」が毎日同行し、健康的なまちづくりを担っている。

具体的な取組内容

　地域に密着し、日常の中で多様なケアを行う「コミュニティナース」は、移動販売に毎日同行し、診療所の医師や地域包括支援センター、社会福祉協議会と連携して、住民の早期診察や早期治療指導につなげている。令和元年度からは、歯科衛生士も同行し、歯科保健指導も実施している。

　また、移動販売のない日は、救命講習での指導や地域におけるコミュニティづくり活動を実施している。

　さらに、子育てや障害の担当など部門横断的なメンバーで構成された川上村重層的支援会議を毎月開催し、スムーズな情報共有や今後の必要な支援の検討を行っている。

事業効果・今後の展開

　村内の自主活動グループへ柔道整復師や健康運動指導士などを無料で派遣することなどにより、多くの住民が健康体操を継続し、結果として低い水準の介護保険料を実現した。

　今後は、地域の福祉に関する課題の解決を目的として、令和3年度から試行的に導入している「コミュニティソーシャルワーカー」も活用し、住民が支え合うコミュニティづくりの一層の推進を図ることとしている。

【コミュニティナースの活動の様子】

【健康体操の様子】

第1章　高齢化の状況

第3節　《特集》高齢者の日常生活・地域社会への参加に関する調査

令和3年度

高齢化の状況及び高齢社会対策の実施状況

■ 第2章　令和3年度高齢社会対策の実施の状況

第2章 令和3年度高齢社会対策の実施の状況

■ 第1節 高齢社会対策の基本的枠組み

1 高齢社会対策基本法

　我が国の高齢社会対策の基本的枠組みは、「高齢社会対策基本法」（平成7年法律第129号）に基づいている。同法は、高齢社会対策を総合的に推進し、経済社会の健全な発展と国民生活の安定向上を図ることを目的とし、高齢社会対策の基本理念として、公正で活力ある、地域社会が自立と連帯の精神に立脚して形成される、豊かな社会の構築を掲げている。また、国及び地方公共団体は、それぞれ基本理念にのっとって高齢社会対策を策定し、実施する責務があるとするとともに、国民の努力についても規定している。

　さらに、就業及び所得、健康及び福祉、学習及び社会参加、生活環境等について国が講ずべき施策を規定している。

　あわせて、政府が基本的かつ総合的な高齢社会対策の大綱を定めること、政府が国会に高齢社会対策に関する年次報告書を提出すること、内閣府に特別の機関として「高齢社会対策会議」を設置することを定めている。

2 高齢社会対策会議

　高齢社会対策会議は、内閣総理大臣を会長とし、委員には関係閣僚が任命されており、高齢社会対策の大綱の案の作成、高齢社会対策について必要な関係行政機関相互の調整並びに高齢社会対策に関する重要事項の審議及び対策の実施の推進が行われている。

3 高齢社会対策大綱

（1）高齢社会対策大綱の策定

　「高齢社会対策大綱」（以下「大綱」という。）は、「高齢社会対策基本法」によって政府に作成が義務付けられているものであり、政府が推進する高齢社会対策の中長期にわたる基本的かつ総合的な指針となるものである。

　平成8年7月に最初の大綱が策定されて以降、経済社会情勢の変化を踏まえた見直しが行われており、平成13年12月に2度目、平成24年9月に3度目、平成30年2月に4度目の大綱が閣議決定された。

（2）基本的考え方

　平成30年2月に閣議決定された大綱では、「高齢者の体力的年齢は若くなっている。また、就業・地域活動など何らかの形で社会との関わりを持つことについての意欲も高い」、「65歳以上を一律に『高齢者』と見る一般的な傾向は、現状に照らせばもはや、現実的なものではなくなりつつある」と示し、「意欲ある高齢者の能力発揮を可能にする社会環境を整えること」とともに、全ての人が安心して高齢期を迎えられるような社会を作る観点から「十全な支援やセーフティネットの整備を図る必要がある」としている。また、人口の高齢化に伴って生ずる様々な社会的課題に対応することは、高齢層の

みならず、若年層も含めた全ての世代が満ち足りた人生を送ることのできる環境を作ることを意味するとしている。

さらに、大綱では、「高齢社会対策基本法」第2条に掲げる社会が構築されることを基本理念とし、以下の3つの基本的考え方にのっとり、高齢社会対策を推進することとしている。

① 年齢による画一化を見直し、全ての年代の人々が希望に応じて意欲・能力をいかして活躍できるエイジレス社会を目指す。
・年齢区分でライフステージを画一化することの見直し
・誰もが安心できる「全世代型の社会保障」も見据える
② 地域における生活基盤を整備し、人生のどの段階でも高齢期の暮らしを具体的に描ける地域コミュニティを作る。
・多世代間の協力拡大や社会的孤立の防止
・高齢者が安全・安心かつ豊かに暮らせるコミュニティづくり
③ 技術革新の成果が可能にする新しい高齢社会対策を志向する。
・高齢期の能力発揮に向けて、新技術が新たな視点で、支障となる問題（身体・認知能力等）への解決策をもたらす可能性に留意

(3) 分野別の基本的施策

高齢社会対策の推進の基本的考え方を踏まえ、就業・所得、健康・福祉、学習・社会参加、生活環境、研究開発・国際社会への貢献等、全ての世代の活躍推進の6つの分野で、基本的施策に関する中期にわたる指針を次のとおり定めている。

① 「就業・所得」

エイジレスに働ける社会の実現に向けた環境整備、公的年金制度の安定的運営、資産形成等

の支援等を図ることとしている。

② 「健康・福祉」

健康づくりの総合的推進、持続可能な介護保険制度の運営、介護サービスの充実（介護離職ゼロの実現）、持続可能な高齢者医療制度の運営、認知症高齢者支援施策の推進、人生の最終段階における医療の在り方、住民等を中心とした地域の支え合いの仕組み作りの促進等を図ることとしている。

③ 「学習・社会参加」

学習活動の促進、社会参加活動の促進等を図ることとしている。

④ 「生活環境」

豊かで安定した住生活の確保、高齢社会に適したまちづくりの総合的推進、交通安全の確保と犯罪、災害等からの保護、成年後見制度の利用促進等を図ることとしている。

⑤ 「研究開発・国際社会への貢献等」

先進技術の活用及び高齢者向け市場の活性化、研究開発等の推進と基盤整備、諸外国との知見や課題の共有等を図ることとしている。

⑥ 「全ての世代の活躍推進」

全ての世代の人々が高齢社会での役割を担いながら、積極的に参画する社会を構築するための施策の推進を図ることとしており、各分野で「ニッポン一億総活躍プラン」（平成28年6月閣議決定）、「働き方改革実行計画」（平成29年3月働き方改革実現会議決定）、「新しい経済政策パッケージ」（平成29年12月閣議決定）等との連携も進めていく。

(4) 推進体制等

高齢社会対策を総合的に推進するため、高齢社会対策会議において、本大綱のフォローアップ等重要事項の審議等を行うこととしている。

また、高齢社会対策の推進に当たっては、65

歳以上を一律に「高齢者」と見る一般的な傾向が現実的なものでなくなりつつあることを踏まえ、70歳やそれ以降でも個々人の意欲・能力に応じた力を発揮できる社会環境づくりを推進するとの基本方針に立って、以下の点に留意することとしている。

① 内閣府、厚生労働省その他の地方公共団体を含む関係行政機関の間に緊密な連携・協力を図るとともに、施策相互間の十分な調整を図ること。

② 本大綱を実効性のあるものとするため、各分野において「数値目標」及び「参照指標」を示すこと。また、政策評価、情報公開等の推進により、効率的かつ国民に信頼される施策を推進すること。

③ 「数値目標」とは、高齢社会対策として分野別の各施策を計画的かつ効果的に進めていくに当たっての目標として示すものであること。短期的な中間目標として示すものについては、その時点の達成状況を踏まえ、一層の進捗を図ること。「参照指標」とは、我が国の高齢社会の状況や政策の進捗を把握し、課題の抽出、政策への反映により、状況の改善、展開を図るためのものであること。

④ エビデンスに基づく政策形成の推進を図ること。このため、高齢化の状況及び高齢社会対策に係る情報の収集・分析・評価を行うとともに、これらの情報を国民に提供するために必要な体制の整備を図ること。

⑤ 高齢社会対策の推進について広く国民の意見の反映に努めるとともに、国民の理解と協力を得るため、効果的な広報、啓発及び教育を実施すること。

なお、本大綱については、政府の高齢社会対策の中長期的な指針としての性格に鑑み、経済

社会情勢の変化等を踏まえておおむね5年を目途に必要があると認めるときに、見直しを行うこととしている。

4 高齢社会対策関係予算

高齢社会対策は、就業・所得、健康・福祉、学習・社会参加、生活環境、研究開発・国際社会への貢献等、全ての世代の活躍推進という広範な施策にわたり、着実な進展を見せている。一般会計予算における関係予算を見ると、令和3年度においては22兆6,912億円となっている。これを各分野別に見ると、就業・所得分野13兆1,746億円、健康・福祉分野9兆4,722億円、学習・社会参加分野180億円、生活環境分野34億円、研究開発・国際社会への貢献等分野79億円、全ての世代の活躍推進分野150億円となっている（表2－1－1及び巻末の「高齢社会対策関係予算分野別総括表」参照）。

5 総合的な推進のための取組

（1）一億総活躍社会の実現に向けて

平成27年10月7日に発足した第3次安倍改造内閣は、少子高齢化という構造的な課題に取り組み、女性も男性も、若者もお年寄りも、障害や難病のある方も、さらには一度失敗した方も、皆が包摂され活躍できる社会「一億総活躍社会」の実現に向けて取り組むこととし、「新・三本の矢」として、第一の矢「希望を生み出す強い経済」を「戦後最大のGDP600兆円」の実現という的に、第二の矢「夢を紡ぐ子育て支援」を「希望出生率1.8」の実現という的に、第三の矢「安心につながる社会保障」を「介護離職ゼロ」の実現という的に放つこととした。

この「一億総活躍社会」を実現するため「ニッ

ポン一億総活躍プラン」を策定し、介護離職ゼロの実現に向けた介護職員の処遇改善等を進めている。

(2) 働き方改革の実現に向けて

働き方改革は、若者も高齢者も、女性も男性も、障害や難病のある方も、一度失敗を経験した方も、誰もが活躍できる「一億総活躍社会」の実現に向けた最大のチャレンジであり、働く人の視点に立ち、働く方一人一人の意思や能力、置かれた事情に応じた多様な働き方の選択を可能とするための改革である。

平成29年3月、内閣総理大臣を議長とする「働き方改革実現会議」において、「働き方改革実行計画」が取りまとめられた。本実行計画には、長時間労働の是正、同一労働同一賃金の実現等による非正規雇用の処遇改善のほか、高齢者の就業促進として令和2年度までを集中取組期間と位置付け、65歳以降の継続雇用延長や65歳までの定年延長を行う企業への助成措置を強化すること、新たに策定した継続雇用延長や定年延長の手法を紹介するマニュアルや好事例集を通じて、企業への働きかけ、相談・援助を行っていくこと、集中取組期間の終了時点で、継続雇用年齢等の引上げに係る制度の在り方を再検討すること等が盛り込まれ、取組を推進した。

表2－1－1　高齢社会対策関係予算（一般会計）

（単位：億円）

	就業・所得	健康・福祉	学習・社会参加	生活環境	研究開発・国際社会のへ貢献等	全ての世代の活躍推進	計
平成29年度	119,285	87,036	111	48	33	122	206,634
30	121,372	88,954	175	49	30	114	210,693
令和元年度	125,187	91,626	173	213	16	115	217,328
2	129,916	94,454	176	37	22	110	224,715
3	131,746	94,722	180	34	79	150	226,912

資料：内閣府
(注1) 高齢社会対策関係予算には、本表に掲げる一般会計のほか、特別会計等がある。
(注2) 本表の予算額は、高齢社会対策関係予算として特掲できるもののみを合計した額である。
(注3) 本表の予算額は、当初予算の数字である。

また、事業主に対する70歳までの就業機会確保の努力義務化等について定めた「高年齢者等の雇用の安定等に関する法律」（昭和46年法律第68号、以下「高年齢者雇用安定法」という。）の改正を令和3年4月に施行した。

引き続き、「働き方改革実行計画」における高齢者の就業促進についても、10年先を見据えたロードマップに沿って、着実に施策を進めていく。

（3）全世代型社会保障制度の実現に向けて

全世代型社会保障検討会議において取りまとめた「全世代型社会保障改革の方針」（令和2年12月閣議決定）を踏まえ、取組を進めた。

また、引き続き、全世代対応型の持続可能な社会保障制度を構築する観点から、社会保障全般の総合的な検討を行うため、全世代型社会保障構築本部及び全世代型社会保障構築会議を設置し、議論を進めた。

（4）ユニバーサル社会の実現に向けて

ユニバーサル社会の実現に向けた諸施策を総合的かつ一体的に推進することを目的とした「ユニバーサル社会の実現に向けた諸施策の総合的かつ一体的な推進に関する法律」（平成30年法律第100号）に基づき、令和3年9月、令和2年度に政府が講じたユニバーサル社会の実現に向けた諸施策の実施状況を取りまとめ、公表した。

第2節　分野別の施策の実施の状況

1　就業・所得

「就業・所得」については、大綱において、次の方針を示している。

少子高齢化が急速に進展し人口が減少する中、経済社会の活力を維持するため、全ての年代の人々がその特性・強みをいかし、経済社会の担い手として活躍できるよう環境整備を図る。

現在の年金制度に基づく公的年金の支給開始年齢の引上げ等を踏まえ、希望者全員がその意欲と能力に応じて65歳まで働けるよう安定的な雇用の確保を図る。また、65歳を超えても、70代を通じ、またそもそも年齢を判断基準とせず、多くの者に高い就業継続意欲が見られる現況を踏まえ、年齢にかかわりなく希望に応じて働き続けることができるよう雇用・就業環境の整備を図るとともに、社会保障制度についても、こうした意欲の高まりを踏まえた柔軟な制度となるよう必要に応じて見直しを図る。

勤労者が、高齢期にわたり職業生活と家庭や地域での生活とを両立させつつ、職業生活の全期間を通じて能力を有効に発揮することができるよう、職業能力の開発や多様な働き方を可能にする施策を推進する。

職業生活からの引退後の所得については、国民の社会的連帯を基盤とする公的年金を中心とし、これに企業による従業員の高齢期の所得確保の支援や個人の自助努力にも留意し、企業年金、退職金、個人年金等の個人資産を適切に組み合わせた資産形成を促進する。さらに資産の運用等を含め

た資産の有効活用が計画的に行われるよう環境整備を図る。

（1）エイジレスに働ける社会の実現に向けた環境整備

ア　多様な形態による就業機会・勤務形態の確保

（ア）多様な働き方を選択できる環境の整備

70歳までの就業確保を事業主の努力義務とする改正高年齢者雇用安定法が令和3年4月に施行され、①70歳までの定年引上げ、②70歳までの継続雇用制度の導入（他社との契約に基づく継続雇用も含む。）、③定年の定めの廃止、④70歳まで継続的に業務委託契約を締結する制度の導入、⑤70歳まで継続的に社会貢献事業に従事できる制度の導入（a.事業主が自ら実施する社会貢献事業 b.事業主が委託、出資（資金提供）等する団体が行う社会貢献事業）のいずれかの措置（高年齢者就業確保措置）を講ずることが事業主の努力義務となった。

地域の多様なニーズに応じた活躍を促す観点から、地方公共団体を中心に設置された協議会等が実施する高年齢者の就労促進に向けた生涯現役促進地域連携事業を実施し、先駆的なモデル地域の取組の普及を図った。

定年退職後等の高年齢者の多様な就業ニーズに応じ、就業機会を確保提供し、高年齢者の生きがいの充実、社会参加の促進等を図るシルバー人材センター事業について、各シルバー人材センターにおける就業機会及び会員拡大等の取組への支援を行うとともに、少子高齢化が急速に進展する中で、人手不足の悩みを抱える企業を一層強力に支えるため、サービス業等の人手不足分野や介護、育児等の現役世代を支える

分野での高年齢者の就業を促進する高齢者活用・現役世代雇用サポート事業を実施した。また、多様化する高年齢者のニーズに対応するため、令和3年4月末までに717地域において都道府県知事が業種・職種及び地域を指定し、派遣及び職業紹介の働き方において就業時間の要件緩和がなされた。

また、雇用形態にかかわらない公正な待遇の確保に向け、正規雇用労働者と非正規雇用労働者との間の不合理な待遇差を解消するための規定等が整備された「短時間労働者及び有期雇用労働者の雇用管理の改善等に関する法律」（平成5年法律第76号）が令和2年4月1日に施行された。大企業に対し、同法に基づく是正指導等を実施することにより、着実な履行確保を図った。

中小企業に対しては、令和3年4月1日の全面適用に併せ事業主が何から着手すべきかを解説する「パートタイム・有期雇用労働法対応のための取組手順書」等を活用し、周知を行った。また、パートタイム・有期雇用労働者の均等・均衡待遇の確保に向けた事業主の取組を支援するために、事業主に対する職務分析・職務評価の導入支援・普及促進等を行った。

加えて、企業における非正規雇用労働者の待遇改善等を支援するため、平成30年度より47都道府県に「働き方改革推進支援センター」を設置し、労務管理の専門家による個別相談支援やセミナー等を実施した。

さらに、職務、勤務地、労働時間を限定した「多様な正社員」制度の普及・拡大を図るため、オンラインセミナーを開催し、雇用管理上の留意事項や企業の取組事例について周知を行った。また、「多様な正社員」制度の一類型である「短時間正社員制度」について、その導入・定着を促進するため、制度導入・運用支援マニュアルをパート・有期労働ポータルサイトに掲載し、短時間正社員制度の概要や企業の取組事例等の周知を行った。

高齢者を含め多様な人材の能力を活かして、イノベーションの創出、生産性向上等の成果を上げている企業を「新・ダイバーシティ経営企業100選/100選プライム」として表彰し、ダイバーシティ経営の裾野の拡大を図ってきた（平成24～令和2年度）。令和3年度は、そうした選定・表彰企業の取組などをもとに策定した「ダイバーシティ経営診断シート」と「手引き」の普及セミナーとワークショップを開催し、ダイバーシティ経営の実装に向けた活動を実施した。

加えて、副業・兼業については、令和2年9月に改定したガイドラインについて、分かりやすい解説パンフレットの配布、Q&Aの公表のほか、事業主や労働者を対象としたセミナー等の開催を通じて、周知を行った。

（イ）情報通信を活用した遠隔型勤務形態の普及

テレワークは、高齢者の就業機会の拡大及び高齢者の積極的な社会への参画を促進する有効な働き方と期待されている。

令和3年6月に閣議決定された「デジタル社会の実現に向けた重点計画」においては、「緊急時の活用にとどまらず、働く時間や場所を柔軟に活用できる働き方であることから、更なる導入・定着を図ることが重要である」とされている。そのため、関係府省庁では、テレワークの一層の普及拡大に向けた環境整備、普及啓発等を連携して推進しており、ウィズコロナ・ポストコロナの「新たな日常」、「新しい生活様式」に対応した働き方として、適正な労務管理下における良質なテレワークの導入・実施を進

めていくことができるよう、令和3年3月に改定した「テレワークの適切な導入及び実施の推進のためのガイドライン」の周知を図った。また、企業等に対する労務管理や情報通信技術に関する専門家の相談対応やコンサルティングの実施、事業主を対象としたセミナー等の開催、中小企業を支援する団体と連携した全国的なテレワーク導入支援体制の構築、テレワークに先進的に取り組む企業等に対する表彰の実施、テレワーク導入経費の助成、中小企業等担当者向けテレワークセキュリティの手引き（チェックリスト）の作成等により、良質なテレワークの定着・促進を図った。また、テレワークによる働き方の実態やテレワーク人口の定量的な把握を行った。

さらに、平成29年から、関係府省庁・団体が連携し、2020年東京オリンピック競技大会・東京パラリンピック競技大会（以下「東京2020大会」という。）[6]の開会式が予定されていた7月24日を「テレワーク・デイ」と位置付け、全国一斉のテレワークを実施している。平成30年には7月23日から27日の期間を「テレワーク・デイズ」と設定し、開催となった令和3年には、選手、関係者等の移動も発生することから、人と人との接触機会の抑制や交通混雑の緩和を通じて安全・安心な大会を実現するため、東京2020大会期間を含む、7月19日から9月5日の期間を「テレワーク・デイズ2021」としてテレワークの実施を呼びかけ、テレワークの集中的な実施を行った。

(注6) 令和2年3月30日に、東京オリンピックは令和3年7月23日から8月8日に、東京パラリンピックは同年8月24日から9月5日に開催されることが決定された。

イ　高齢者等の再就職の支援・促進

「事業主都合の解雇」又は「継続雇用制度の対象となる高年齢者に係る基準に該当しなかったこと」により離職する高年齢離職予定者の希望に応じて、その職務の経歴、職業能力等の再就職に資する事項や再就職援助措置を記載した求職活動支援書を作成・交付することが事業主に義務付けられており、交付を希望する高年齢離職予定者に求職活動支援書を交付しない事業主に対しては公共職業安定所が必要に応じて指導・助言を行った。求職活動支援書の作成に当たってジョブ・カードを活用することが可能となっていることから、その積極的な活用を促した。

主要な公共職業安定所において高年齢求職者を対象に職業生活の再設計に係る支援や、特に就職が困難な者に対する就労支援チームによる支援及び職場見学、職場体験等を行った。

また、常用雇用への移行を目的として、職業経験、技能、知識の不足等から安定的な就職が困難な求職者を公共職業安定所等の紹介により一定期間試行雇用した事業主に対する助成措置（トライアル雇用助成金）や、高年齢者等の就職困難者を公共職業安定所等の紹介により継続して雇用する労働者として雇い入れる事業主に対する助成措置（特定求職者雇用開発助成金）を実施した（表2−2−1）。

さらに、再就職が困難である高年齢者等の円滑な労働移動を強化するため、労働移動支援助成金により、離職を余儀なくされる高年齢者等の再就職を民間の職業紹介事業者に委託した事業主や、高年齢者等を早期に雇い入れた事業主、受け入れて訓練（OJTを含む。）を行った事業主に対して、助成措置を実施し、生産指標等により一定の成長性が認められる企業が、事業再編等を行う企業等から離職した者を雇い入れた場合の助成において、新型コロナウイルス感染

トライアル雇用助成金
・常用雇用への移行を目的として、職業経験、技能、知識の不足等から安定的な就職が困難な求職者を公共職業安定所等の紹介により、一定期間試行雇用した事業主に対して助成

特定求職者雇用開発助成金（特定就職困難者コース）
・高年齢者（60歳以上65歳未満）等の就職困難者を公共職業安定所等の紹介により、継続して雇用する労働者として雇い入れる事業主に対して賃金相当額の一部を助成

特定求職者雇用開発助成金（生涯現役コース）
・65歳以上の離職者を公共職業安定所等の紹介により、１年以上継続して雇用する労働者として雇い入れる事業主に対して賃金相当額の一部を助成

65歳超雇用推進助成金
・65歳以降の定年延長や継続雇用制度の導入を行う事業主、高年齢者の雇用管理制度の導入又は見直し等や高年齢の有期雇用労働者の無期雇用への転換を行う事業主に対して助成

資料：厚生労働省

症の影響により離職した45歳以上の者を離職前と異なる業種の事業主が雇い入れた場合の助成額の上乗せを新たに行い、能力開発支援を含めた労働移動の一層の促進を図った。あわせて、中途採用者の能力評価、賃金、処遇の制度を整備した上で、45歳以上の中高年齢者を初めて雇用した事業主に対して、60歳以上の高年齢者を初めて雇用した場合の助成額の上乗せも含めた助成措置を実施し、中高年齢者の労働移動の促進を図った。

また、高年齢退職予定者のキャリア情報等を登録し、その能力の活用を希望する事業者に対してこれを紹介する「高年齢退職予定者キャリア人材バンク事業」を（公財）産業雇用安定センターにおいて実施し、高年齢者の就業促進を図った。

ウ　高齢期の起業の支援

日本政策金融公庫において、高齢者等を対象に優遇金利を適用する融資制度（女性、若者／シニア起業家支援資金）により開業・創業の支援を行った。

日本政策金融公庫（国民生活事業・中小企業事業）の融資制度（地域活性化・雇用促進資金）において、エイジフリーな勤労環境の整備を促進するため、高齢者（60歳以上）等の雇用等

を行う事業者に対しては当該制度の利用に必要な雇用創出効果の要件を緩和（２名以上の雇用創出から１名以上の雇用創出に緩和）する措置を継続した。

また、中高年齢者等の雇用機会の創出を図るため、40歳以上の中高年齢者等が起業する際に必要となる、雇用の創出に要する経費の一部を助成する措置を実施してきたところであるが、その一定期間経過後に生産性が向上している場合には、別途上乗せの助成金を支給した。

エ　知識、経験を活用した高齢期の雇用の確保

高齢者雇用安定法は、事業主に対して、65歳までの雇用を確保するために継続雇用制度の導入等の措置（以下「高年齢者雇用確保措置」という。）を講じるよう義務付けており、高年齢者雇用確保措置を講じていない事業主に対しては、公共職業安定所による指導等を実施するとともに、独立行政法人高齢・障害・求職者雇用支援機構の高年齢者雇用アドバイザー及び65歳超雇用推進プランナーによる技術的事項についての相談・援助を行った。

さらに、令和３年４月に施行された改正高年齢者雇用安定法において、事業主に対する70歳までの就業機会雇用確保が努力義務化されたことを踏まえ、適切な措置の実施に向けた事業

主への周知啓発を行った。

「労働施策の総合的な推進並びに労働者の雇用の安定及び職業生活の充実等に関する法律」（昭和41年法律第132号）第9条に基づき、労働者の一人一人により均等な働く機会が与えられるよう、引き続き、労働者の募集・採用における年齢制限禁止の義務化の徹底を図るべく、指導等を行った。

また、企業における高年齢者の雇用を推進するため、65歳以上の年齢までの定年延長や66歳以上の年齢までの継続雇用制度の導入又は他社による継続雇用制度の導入を行う事業主、高年齢者の雇用管理制度の見直し又は導入等や高年齢の有期雇用労働者の無期雇用への転換を行う事業主に対する支援を実施した。また、継続雇用延長・定年引上げに係る具体的な制度改善提案を実施し、企業への働きかけを行った。

高年齢労働者が安心して安全に働ける職場づくりや労働災害の防止のため、「高年齢労働者の安全と健康確保のためのガイドライン（エイジフレンドリーガイドライン）」の周知及び労働災害防止団体による個別事業場支援の利用勧奨を行った。また、高年齢労働者の安全・健康確保の取組を行う中小企業等に対し、エイジフレンドリー補助金による支援を実施するとともに、高年齢者の特性に配慮した独創的・先進的な取組の実証試験を行い、高年齢労働者の安全衛生対策を推進した。

公務部門における高齢者雇用において、国家公務員については、現行の「国家公務員法」（昭和22年法律第120号）に基づく再任用制度を活用し、65歳までの雇用確保に努めるとともに、特に雇用と年金の接続を図る観点から、「国家公務員の雇用と年金の接続について」（平成25年3月閣議決定）に基づき、令和2年度の定年退職者等のうち希望者を対象として、公的年金

の支給開始年齢まで原則再任用する等の措置を講じた。

地方公務員については、雇用と年金を確実に接続するため、同閣議決定の趣旨を踏まえ、必要な措置を講ずるように各地方公共団体に対して必要な助言等を行った。

また、国家公務員の定年の引上げについては、「国家公務員法等の一部を改正する法律」（令和3年法律第61号）が令和3年6月に成立し、令和5年4月からの65歳までの段階的な引上げを見据え、必要な準備を進めた。

地方公務員の定年の引上げについては、国家公務員と同様の措置を講ずるため、「地方公務員法の一部を改正する法律」（令和3年法律第63号）が令和3年6月に成立し、令和5年4月からの段階的な引上げに向け、地方公共団体に必要な情報提供や助言を行った。

オ　労働者の職業生活の全期間を通じた能力の開発

職業訓練の実施や職業能力の「見える化」のみならず、個々人にあった職業生涯を通じたキャリア形成支援を推進した。

また、高齢期を見据えたキャリア形成支援を推進するため、労働者のキャリアプラン再設計や企業内の取組を支援するキャリア形成サポートセンターを整備し、労働者等及び企業に対しキャリアコンサルティングを中心とした総合的な支援を実施した。

また、中高年齢者の中長期的なキャリア形成を支援するため、キャリアコンサルタント向けに必要な知識・技能等を付与する研修教材を新たに開発し、オンラインで提供した。

さらに、教育訓練休暇制度の普及促進を図るとともに、教育訓練給付制度の活用により、労働者個人の自発的な能力開発・キャリア形成を

支援した。

カ　ゆとりある職業生活の実現等

　我が国の労働時間の現状を見ると、週労働時間60時間以上の雇用者の割合が1割弱となっており、また、年次有給休暇の取得率は近年5割程度の水準で推移している。

　この状況を踏まえ、「労働時間等の設定の改善に関する特別措置法」（平成4年法律第90号、以下「労働時間等設定改善法」という。）及び「労働時間等見直しガイドライン」（労働時間等設定改善指針（平成20年厚生労働省告示第108号））に基づき、時間外・休日労働の削減及び年次有給休暇の取得促進を始めとして労使の自主的な取組を促進する施策を推進した。

　また、「働き方改革を推進するための関係法律の整備に関する法律」（平成30年法律第71号）が成立し、「労働基準法」（昭和22年法律第49号）が改正され、「罰則付きの時間外労働の上限規制」や、子育て等の事情を抱える働き手のニーズに対応した「フレックスタイム制の見直し」、「年5日の年次有給休暇の確実な取得」等の内容が規定されるとともに、労働時間等設定改善法が改正され、勤務間インターバル制度の導入、短納期発注や発注内容の頻繁な変更を行わない等取引上の必要な配慮が努力義務化されたため、これらの改正内容をまとめたリーフレットによる周知・啓発を図った。

（2）誰もが安心できる公的年金制度の構築
ア　働き方の多様化や高齢期の長期化・就労拡大に対応した年金制度の構築

　今後、より多くの人がこれまでよりも長い期間にわたり多様な形で働くようになることが見込まれる。こうした社会・経済の変化を年金制度に反映し、長期化する高齢期の経済基盤の充実を図るため、被用者保険の適用拡大、在職定時改定の導入、在職老齢年金制度の見直し、年金の受給開始時期の選択肢の拡大等を盛り込んだ「年金制度の機能強化のための国民年金法等の一部を改正する法律」（令和2年法律第40号、以下「国民年金法等の一部を改正する法律」という。）が令和2年5月に成立した。

　令和3年度においては、「年金制度の機能強化のための国民年金法等の一部を改正する法律の施行に伴う関係政令の整備及び経過措置に関する政令」（令和3年政令第229号）を8月6日に公布するなど、改正法の円滑な実施に向けた準備や周知・広報を実施した。

　また、令和3年4月から、平成28年の制度改正に基づき、年金額の賃金・物価スライドについて、支え手である現役世代の負担能力に応じた給付とする観点から、賃金変動率が物価変動率を下回る場合には賃金変動率に合わせて改定する仕組みが施行された。令和3年度の年金額改定は、賃金変動率に合わせて0.1%のマイナス改定となった。

イ　年金制度等の分かりやすい情報提供

　短時間労働者等への被用者保険の適用拡大の円滑な施行に向けて、適用拡大の対象者や適用拡大による被保険者のメリット等を含め、周知・広報に努めた。また、若い人たちが年金について考えるきっかけにするため「学生との年金対話集会」や、「令和の年金広報コンテスト」の開催、若い世代向けの年金学習教材の作成等を行った。さらに、「ねんきん定期便」については、老後の生活設計を支援するため、国民年金法等の一部を改正する法律による年金の繰下げ受給の上限年齢の引上げを踏まえた年金額増額のイメージ等について、分かりやすい情報提供を推進した。

（3）資産形成等の支援

ア　資産形成等の促進のための環境整備

勤労者財産形成貯蓄制度の普及等を図ることにより、高齢期に備えた勤労者の自助努力による計画的な財産形成を促進した。

企業年金・個人年金に関して、確定拠出年金（DC）の加入可能年齢の引上げと受給開始時期等の選択肢の拡大、中小企業向け制度の対象範囲の拡大、企業型DC加入者の個人型DC（iDeCo）の加入の要件緩和等の措置等を内容とする国民年金法等の一部を改正する法律の円滑な施行に向け、関係法令の整備等を行った。また、国民年金法等の一部を改正する法律の検討規程や附帯決議を受け、「令和3年度税制改正の大綱」（令和2年12月閣議決定）において、DCに係る拠出限度額の算定方法を見直すことが決定され、関係法令の整備等を行った。さらに、iDeCoについて、更なる普及を図るため、各種広報媒体を活用した周知・広報を行った（加入者数は、令和4年3月末時点で238.8万人）。退職金制度については、中小企業における退職金制度の導入を支援するため、中小企業退職金共済制度の普及促進のための周知等を実施した。

さらに、NISA（少額投資非課税）制度に関して、「所得税法等の一部を改正する法律」（令和2年法律第8号）において、つみたてNISA（非課税累積投資契約に係る少額投資非課税制度）については期限を5年間延長、一般NISA（少額投資非課税制度）についてはより多くの国民に積立・分散投資による安定的な資産形成を促す観点から制度を見直した上で、令和6年から5年間の制度として措置、ジュニアNISA（未成年者少額投資非課税制度）については延長せず、新規の口座開設を令和5年までとすることとされた。また、つみたてNISAの普及の観点から、個人投資家を対象とするオンラインイベントの開催、金融庁ウェブサイトやSNSを通じた情報発信を行った。

イ　資産の有効活用のための環境整備

住宅金融支援機構において、高齢者が住み替え等のための住生活関連資金を確保するために、リバースモーゲージの普及を促進した。

また、低所得の高齢者世帯が安定した生活を送れるようにするため、各都道府県社会福祉協議会において、一定の居住用不動産を担保として、世帯の自立に向けた相談支援に併せて必要な資金の貸付けを行う不動産担保型生活資金の貸与制度を実施した。

2　健康・福祉

「健康・福祉」については、大綱において、次の方針を示している。

> 高齢期に健やかで心豊かに生活できる活力ある社会を実現し、長寿を全うできるよう、個人間の健康格差をもたらす地域・社会的要因にも留意しつつ、生涯にわたる健康づくりを総合的に推進する。
>
> 今後の高齢化の進展等を踏まえ、地域包括ケアシステムの一層の推進を図るとともに、認知症を有する人が地域において自立した生活を継続できるよう支援体制の整備を更に推進する。また、家族の介護を行う現役世代にとっても働きやすい社会づくりのため、介護の受け皿整備や介護人材の処遇改善等の「介護離職ゼロ」に向けた取組を推進する。
>
> 高齢化の進展に伴い医療費・介護費の増加が見込まれる中、国民のニーズに適合した効果的なサービスを効率的に提供し、人口構造の変化に対応できる持続可能な医

療・介護保険制度を構築する。また、人生の最終段階における医療について国民全体で議論を深める。

（1）健康づくりの総合的推進
ア　生涯にわたる健康づくりの推進

健康寿命の延伸や生活の質の向上を実現し、健やかで活力ある社会を築くため、平成12年度から、生活習慣病の一次予防に重点を置いた「21世紀における国民健康づくり運動（健康日本21）」を開始した。その後平成25年度からは、国民健康づくり運動を推進するため、健康を支え、守るための社会環境の整備に関する具体的な目標も明記した「健康日本21（第二次）」を開始している。平成30年9月に中間評価報告書をまとめ、令和3年6月から最終評価の議論を開始した。

健康日本21（第二次）に基づき、企業、団体、地方公共団体等と連携し、健康づくりについて取組の普及啓発を推進する「スマート・ライフ・プロジェクト」を引き続き実施していく。

さらに、健康な高齢期を送るためには、壮年期からの総合的な健康づくりが重要であるため、市町村が「健康増進法」（平成14年法律第103号）に基づき実施している健康教育、健康診査、機能訓練、訪問指導等の健康増進事業について一層の推進を図った。

このほか、国民が生涯にわたり健全な食生活を営むことができるよう、国民の健康の維持・増進、生活習慣病の発症及び重症化予防の観点から、「日本人の食事摂取基準」を策定し、5年ごとに改定している。「日本人の食事摂取基準（2020年版）」では、我が国における更なる高齢化の進展を踏まえ、新たに高齢者の低栄養予防やフレイル予防も視野に入れて策定を行った。この改定と合わせて、高齢者やその家族、

行政関係者等が、フレイル予防に役立てることができる普及啓発ツール（パンフレットや動画）を作成、公表し、普及啓発ツールを用いた地方公共団体の取組事例を収集した。

また、平成29年3月に策定した「地域高齢者等の健康支援を推進する配食事業の栄養管理に関するガイドライン」を踏まえた配食サービスの普及と利活用の推進に向けて、適切な配食の提供及び栄養管理を行う事業をモデル的に実施した。

さらに、医療保険者による特定健康診査・特定保健指導の着実な実施や、データヘルス計画に沿った取組等、加入者の予防・健康づくりの取組を推進していくとともに、糖尿病を始めとする生活習慣病の重症化予防の先進的な事例の横展開等を実施した。

いつまでも健康で活力に満ちた長寿社会の実現に向けて、地方公共団体におけるスポーツを通じた健康増進に関する施策を持続可能な取組とするため、域内の体制整備及び運動・スポーツに興味・関心を持ち、習慣化につながる取組を推進した。

「第4次食育推進基本計画」（令和3年3月食育推進会議決定）に基づき、家庭、学校・保育所、地域等における食育の推進、食育推進運動の全国展開、生産者と消費者の交流促進、環境と調和のとれた農林漁業の活性化、食文化の継承のための活動への支援、食品の安全性の情報提供等を実施した。

また、配食事業の栄養管理に関するガイドラインを踏まえた配食サービスの普及と利活用の推進に向けて、事業者及び地方公共団体において、ガイドラインを踏まえて取り組んでいる先行事例を収集し、事業者及び地方公共団体向けの参考事例集を作成し、公表した。

高齢受刑者で日常生活に支障がある者の円滑

な社会復帰を実現するため、リハビリテーション専門スタッフを配置した。

加えて、散歩や散策による健康づくりにも資する取組として、河川空間とまち空間が融合した良好な空間の形成を目指す「かわまちづくり」の推進を図った。

国立公園等においては、主要な利用施設であるビジターセンター、園路、公衆トイレ等についてユニバーサルデザイン化、情報発信の充実等により、高齢者にも配慮した環境の整備を実施した。

イ　介護予防の推進

介護予防は、高齢者が要介護状態等になることの予防又は要介護状態等の軽減若しくは悪化の防止を目的として行うものである。平成27年度以降、通いの場の取組を中心とした一般介護予防事業等を推進しており、一部の地方公共団体では、その取組の成果が現れてきているとともに、介護予防に加え、地域づくりの推進という観点からも保険者等の期待の声も大きく、また、高齢者の保健事業と介護予防の一体的な実施の動向も踏まえ、その期待は更に大きくなっている。

令和元年12月に取りまとめられた「一般介護予防事業等の推進方策に関する検討会」の報告書を踏まえ、令和3年度から開始した第8期介護保険事業（支援）計画が円滑に実施される

よう、地方公共団体職員等に対する担当者会議や研修会等を実施するとともに、多様な通いの場の展開を図るため、令和3年8月に、通いの場の取組について先進的な事例等を参考に類型化して示した事例集「通いの場の類型化について（Ver.1.0）」を公表・周知し、市町村における地域の実情に応じた効果的・効率的な介護予防の取組を推進した。

さらに、新型コロナウイルス感染症の流行に伴い、高齢者の外出自粛による閉じこもりや健康への影響が懸念されたことから、高齢者が居宅で健康に過ごすための情報や感染防止に配慮して通いの場の取組を実施するための留意事項等を紹介する特設ウェブサイトを活用した広報や、地方公共団体等の好事例の横展開、国立長寿医療研究センターで開発しているスマートフォン等用アプリを活用した居宅における健康づくりの支援等を実施した。

（2）持続可能な介護保険制度の運営

介護保険制度については、平成12年4月に施行されてから20年以上を経過したところであるが、介護サービスの利用者数は制度創設時の3倍を超える等、高齢期の暮らしを支える社会保障制度の中核として確実に機能しており、少子高齢社会の日本において必要不可欠な制度となっているといえる（表2-2-2）。

令和7年や令和22年を見据え、介護保険制度

表2-2-2　介護サービス利用者と介護給付費の推移

	利用者数										介護給付費									
	平成12年4月	平成15年4月	平成18年4月	平成21年4月	平成24年4月	平成27年4月	平成30年4月	平成31年4月	令和2年4月	令和3年4月	平成12年4月	平成15年4月	平成18年4月	平成21年4月	平成24年4月	平成27年4月	平成30年4月	平成31年4月	令和2年4月	令和3年4月
居宅（介護予防）サービス	97万人	201万人	255万人	278万人	328万人	382万人	366万人	378万人	384万人	399万人	618億円	1,825億円	2,144億円	2,655億円	3,240億円	3,795億円	3,651億円	3,811億円	3,817億円	4,040億円
地域密着型（介護予防）サービス	-	-	14万人	23万人	31万人	39万人	84万人	87万人	84万人	87万人	-	-	283億円	445億円	625億円	801億円	1,245億円	1,299億円	1,325億円	1,369億円
施設サービス	52万人	72万人	79万人	83万人	86万人	90万人	93万人	95万人	95万人	95万人	1,571億円	2,140億円	1,985億円	2,141億円	2,242億円	2,325億円	2,436億円	2,484億円	2,598億円	2,598億円
合計	149万人	274万人	348万人	384万人	445万人	512万人	543万人	559万人	564万人	581万人	2,190億円	3,965億円	4,411億円	5,241億円	6,107億円	6,921億円	7,332億円	7,594億円	7,741億円	8,007億円

資料：厚生労働省「介護保険事業状況報告」（月報）
（注）端数処理の関係で、合計の数字と内訳数が一致しない場合がある。
　　　地域密着型（介護予防）サービスは、平成17年の介護保険制度改正に伴って創設された。

の不断の見直しを進める必要があり、社会保障審議会介護保険部会での議論等を踏まえ、「地域共生社会の実現のための社会福祉法等の一部を改正する法律案」を第201回通常国会に提出し、令和2年6月5日に成立した（令和2年法律第52号）。

この法律では、地域の特性に応じた認知症施策や介護サービス提供体制の整備等の推進、医療・介護のデータ基盤の整備の推進、介護人材及び業務効率化の取組の強化を盛り込んでおり、これらを踏まえ、保険者等において、第8期介護保険事業計画に基づく取組を進めるとともに地域共生社会の実現に向けた取組を進めている。

（3）介護サービスの充実（介護離職ゼロの実現）
ア　必要な介護サービスの確保

地域住民が可能な限り、住み慣れた地域で介護サービスを継続的・一体的に受けることのできる体制（地域包括ケアシステム）の実現を目指すため、令和3年度においても地域密着型サービスの充実、サービス付き高齢者向け住宅等の高齢者の住まいや「介護医療院」の整備、特定施設入居者生活介護事業所（有料老人ホーム等）を適切に運用するための支援を進めた。

また、地域で暮らす高齢者個人に対する支援の充実と、それを支える社会基盤の整備とを同時に進めていく、地域包括ケアシステムの実現に向けた手法として、全国の地方公共団体に「地域ケア会議」の普及・定着を図るため、市町村に対し、「地域ケア会議」の開催に係る費用に対して、財政支援を行った。

あわせて、介護人材の確保のため、介護現場における多様な働き方導入モデル事業や介護分野就職支援金貸付事業、福祉系高校修学資金貸付事業等を地域医療介護総合確保基金に位置付

け、令和2年度に引き続き、当該基金の活用により、「参入促進」「労働環境の改善」「資質の向上」に向けた都道府県の取組を支援した。さらに、介護福祉士修学資金等貸付事業や再就職準備金貸付事業等により、新規参入の促進や離職した介護人材の呼び戻し対策に取り組んだほか、職場体験の実施等の取組を行った。また、介護職の魅力や社会的評価の向上を図り、介護分野への参入を促進するため、介護を知るための体験型イベントの開催等多様な人材の確保等に向けた取組を行った。介護職員の処遇改善については、これまでに実施してきた処遇改善に加えて、令和元年10月から、経験・技能のある職員に重点化を図りつつ、介護職員の更なる処遇改善を実施している。また、令和3年度補正予算において、賃上げ効果が継続される取組を行うことを前提として、介護職員について、収入を3％程度（月額9,000円）引き上げるための措置を令和4年2月から実施した。なお、介護福祉士修学資金等貸付事業については、令和3年度補正予算において、貸付原資等の積み増しを行った。

また、介護労働者の雇用管理改善を促進する「介護雇用管理改善等計画」に基づき、介護福祉機器の導入等を通じて労働者の離職率の低下に取り組んだ事業主への助成措置や介護労働者の雇用管理全般に関する雇用管理責任者への講習に加え、事業所の雇用管理改善に係る好事例把握やコンサルティングを実施した。人材の参入促進を図る観点からは、介護に関する専門的な技能を身につけられるようにするための公的職業訓練について、民間教育訓練実施機関等を活用した職業訓練枠の拡充のため、職場見学・職場体験を組み込むことを要件とした訓練委託費等の上乗せを実施するとともに、全国の主要なハローワークに設置する「人材確保対策コー

ナー」において、きめ細かな職業相談・職業紹介、求人充足に向けた助言・指導等を実施することに加え、「人材確保対策コーナー」を設置していないハローワークにおいても、医療・福祉分野の職業相談・職業紹介、求人情報の提供及び「人材確保対策コーナー」の利用勧奨等の支援を実施した。さらに、各都道府県に設置されている福祉人材センターにおいて、離職した介護福祉士等からの届出情報をもとに、求職者になる前の段階からニーズに沿った求人情報の提供等の支援を推進するとともに、当該センターに配置された専門員が求人事業所と求職者双方のニーズを的確に把握した上で、マッチングによる円滑な人材参入・定着支援、職業相談、職業紹介等を推進した。

また、在宅・施設を問わず必要となる基本的な介護の知識・技術を修得する「介護職員初任者研修」を各都道府県において実施した。

「11月11日」の「介護の日」に合わせ、都道府県・市町村、介護事業者、関係機関・団体等の協力を得つつ、国民への啓発のための取組を重点的に実施した。

また、地域包括ケアの推進等により住み慣れた地域で自分らしい暮らしを人生の最後まで続けることができるような体制整備を目指して、引き続き在宅医療・介護の連携推進等、制度、報酬及び予算面から包括的に取組を行っている。

イ　介護サービスの質の向上

介護保険制度の運営の要である介護支援専門員（ケアマネジャー）の資質の向上を図るため、引き続き、実務研修及び現任者に対する研修を体系的に実施した。また、地域包括支援センターにおいて、介護支援専門員に対する助言・支援や関係機関との連絡調整等を行い、地域のケアマネジメント機能の向上を図った。

また、高齢者の尊厳の保持を図る観点から、地方公共団体と連携し、地域住民への普及啓発や関係者への研修等を進め、高齢者虐待の未然防止や早期発見に向けた取組を推進した。

平成24年4月より、一定の研修を受けた介護職員等は、一定の条件の下に喀痰吸引等の行為を実施できることとなった。令和3年度においては、引き続き各都道府県と連携のもと、研修等の実施を推進し、サービスの確保、向上を図った。

高齢化が進展し要介護・要支援認定者が増加する中、介護者（家族）の不安の軽減やケアマネジャー等介護従事者の負担軽減を図る必要があることから、平成31年1月より、マイナポータルを活用し介護保険手続の検索やオンライン申請を可能とする「介護ワンストップサービス」を開始した。

令和2年度においては、マイナポータルぴったりサービスにオンライン申請における標準様式を登録しており、令和3年度においても引き続き地方公共団体への導入促進を図った。

ウ　地域における包括的かつ持続的な在宅医療・介護の提供

持続可能な社会保障制度を確立するためには、高度急性期医療から在宅医療・介護までの一連のサービス提供体制を一体的に確保できるよう、質が高く効率的な医療提供体制を整備するとともに、国民が可能な限り住み慣れた地域で療養することができるよう、医療・介護が連携して地域包括ケアシステムの実現を目指すことが必要である。

このため、平成26年6月に施行された「地域における医療及び介護の総合的な確保を推進するための関係法律の整備等に関する法律」（平成26年法律第83号、以下「医療介護総合確保推進法」という。）に基づき各都道府県に創設

された消費税増収分を財源とする地域医療介護総合確保基金を活用し、在宅医療・介護サービスの提供体制の整備等のための地域の取組に対して支援を行った。また、医療介護総合確保推進法の下で、在宅医療・介護の連携推進に係る事業は、平成27年度以降、「介護保険法」（平成9年法律第123号）の地域支援事業に位置付け、市町村が主体となって地域の医師会等と連携しながら取り組むこととされた。平成30年度からは、全ての市町村で、地域の実情を踏まえつつ、医療・介護関係者の研修や地域住民への普及啓発等の取組が実施されている。また、令和2年10月には在宅医療・介護が円滑に切れ目なく提供される仕組みを構築できるよう、「介護保険法施行規則」（平成11年厚生省令第36号）の一部改正（令和3年4月1日施行）を行うとともに「在宅医療・介護連携推進事業の手引き（ver.3）」を公開した。

エ　介護と仕事の両立支援
（ア）育児・介護休業法の円滑な施行

　介護休業や介護休暇等の仕事と介護の両立支援制度等を定めた「育児休業、介護休業等育児又は家族介護を行う労働者の福祉に関する法律」（平成3年法律第76号）について、都道府県労働局において制度の内容を周知するとともに、企業において制度内容が定着し、法の履行確保が図られるよう事業主に対して指導を行った。

　また、有期雇用労働者の介護休業取得要件の緩和等を内容とする法令の改正（令和3年6月公布、令和4年4月1日施行）を行い、改正内容の周知を図った。

（イ）仕事と家庭を両立しやすい職場環境整備
　育児や介護を行う労働者が働き続けやすい環境整備を推進するため、「女性の活躍・両立支援総合サイト（両立支援のひろば）」を通じて、「次世代育成支援対策推進法」（平成15年法律第120号）に基づく一般事業主行動計画の策定等を促進するとともに、企業の環境整備の参考になるよう、仕事と介護の両立に関する好事例集を収集・公表した。

　また、中高年を中心として、家族の介護のために離職する労働者の数が高止まりしていることから、全国各地での企業向けセミナーの開催や仕事と家庭の両立支援プランナーによる個別支援を通じて、事業主が従業員の仕事と介護の両立を支援する際の具体的取組方法・支援メニューである「介護離職を予防するための両立支援対応モデル」の普及促進を図るとともに、介護に直面した労働者の介護休業の取得及び職場復帰等を円滑に行うためのツールである「介護支援プラン」の普及促進に取り組んだ。加えて、ケアマネジャーなど家族介護者を支援する者が仕事と介護の両立について学習できる「仕事と介護の両立支援カリキュラム」を用いた研修の実施等により、当該カリキュラムの普及促進を図った。

　そして、「介護支援プラン」を策定し、介護に直面する労働者の円滑な介護休業の取得・職場復帰に取り組んだ中小企業事業主や、その他の仕事と介護の両立に資する制度（介護両立支援制度）を労働者が利用した中小企業事業主、新型コロナウイルス感染症への対応として家族を介護するための有給の休暇制度を設け、労働者が利用した中小企業事業主に対し助成金により支援することを通じて、企業の積極的な取組の促進を図った。

（4）持続可能な高齢者医療制度の運営
　全世代型社会保障制度の構築のため、令和3

年の通常国会において、後期高齢者（現行で3割負担となっている現役並み所得者を除く。）のうち、課税所得28万円以上（所得上位30%）かつ年収200万円以上（単身世帯の場合。複数世帯の場合は、後期高齢者の年収合計が320万円以上）の方について医療の窓口負担割合を2割とすることを内容とする改正法が成立した。また、施行に当たっては、2割負担への変更により影響が大きい外来患者について、施行後3年間、1月分の負担増が、最大でも3,000円に収まるような配慮措置を実施することとされた。

後期高齢者の保健事業について、高齢者の心身の多様な課題に対応し、きめ細かな支援を実施するため、後期高齢者医療広域連合のみならず、市民に身近な市町村が中心となって、介護保険の地域支援事業や国民健康保険の保健事業と一体的に後期高齢者の保健事業を実施する「高齢者の保健事業と介護予防の一体的な実施」の法的な枠組みが、令和2年度から開始されている。

この取組を推進するため、後期高齢者医療広域連合から市町村へ高齢者保健事業を委託し、①事業全体のコーディネートや企画調整・分析等を行う医療専門職、②高齢者に対する個別的支援や通いの場等への関与等を行う医療専門職について配置する費用等を、国が後期高齢者医療調整交付金のうち特別調整交付金により支援した。加えて、後期高齢者医療広域連合や市町村の職員を対象とする保健事業実施に関する研修や市町村の取組状況の把握等を行う「高齢者の保健事業と介護予防の一体的実施の全国的な横展開事業」等を通じて、取組の推進を支援した。

後期高齢者医療の保険料均等割の軽減特例措置（本則の7割軽減に上乗せして、9割又は8.5割を軽減）について、令和元年度から段階的な見直しを行い、令和3年度に本則（7割軽減）とした。

（5）認知症施策の推進

令和元年6月、認知症施策推進関係閣僚会議において取りまとめられた「認知症施策推進大綱」を踏まえ、認知症の発症を遅らせ、認知症になっても希望を持って日常生活を過ごせる社会を目指し、認知症の人や家族の視点を重視しながら、「共生」と「予防」を車の両輪とした施策を推進していくことを基本的な考え方としている。なお、「認知症施策推進大綱」上の「予防」とは、「認知症にならない」という意味ではなく、「認知症になるのを遅らせる」、「認知症になっても進行を穏やかにする」という意味である。

こうした基本的な考え方のもと、①普及啓発・本人発信支援、②予防、③医療・ケア・介護サービス・介護者への支援、④認知症バリアフリーの推進・若年性認知症の人への支援・社会参加支援、⑤研究開発・産業促進・国際展開、の5つの柱に沿って施策を推進していくこととしている。

具体的には、「共生」の取組として、認知症サポーターなどが支援チームを作り、見守りや外出支援などを行う仕組みである「チームオレンジ」の取組推進や、認知症の人ご本人による「希望大使」等の普及啓発活動などを進めるとともに、「予防」の取組として、高齢者が身近に参加できる「通いの場」の拡充や認知症に関する研究開発等を推進している。対象期間は令和7年までとなり、施策ごとにKPI／目標を設定しているが、令和2年及び3年において、施策ごとの進捗確認を行い、実施状況を首相官邸ホームページに掲載した。

また、「認知症施策推進大綱」等を踏まえ、令和2年の介護保険法の改正において、地域社会における認知症施策の総合的な推進に向けて、地域における認知症の人への支援体制の整備等、国及び地方公共団体の努力義務等を規定

したほか、他府省庁所管の分野を含めた総合的な取組を進めていく必要があることから、市町村介護保険事業計画の記載事項として、教育等の他分野との連携など認知症施策の総合的な推進に関する事項が追加された。

（6）人生の最終段階における医療の在り方

人生の最終段階における医療・ケアについては、医療従事者から本人・家族等に適切な情報の提供がなされた上で、本人・家族等及び医療・ケアチームが繰り返し話合いを行い、本人による意思決定を基本として行われることが重要であり、国民全体への一層の普及・啓発が必要である。

そのため、人生の最終段階における医療・ケア体制整備事業として、「人生の最終段階における医療・ケアの決定プロセスに関するガイドライン」に基づき、医療従事者等に向けて、研修を行った。

また、本人が望む医療やケアについて前もって考え、家族等や医療・ケアチームと繰り返し話し合い、共有する取組（人生会議）の普及・啓発を図るため、人生会議（ACP：アドバンス・ケア・プランニング）の国民向け普及啓発事業として、国民向けに映像配信を行った。

（7）住民等を中心とした地域の支え合いの仕組み作りの促進

ア　地域の支え合いによる生活支援の推進

年齢や性別、その置かれている生活環境等にかかわらず、身近な地域において誰もが安心して生活を維持できるよう、地域住民相互の支え合いによる共助の取組を通じて、高齢者を含め、支援が必要な人を地域全体で支える基盤を構築するため、地方公共団体が行う地域のニーズ把握、住民参加による地域サービスの創出、地域

のインフォーマル活動の活性化等の取組を支援する「地域における生活困窮者支援等のための共助の基盤づくり事業」等を通じて、地域福祉の推進を図った。

また、「寄り添い型相談支援事業」として、24時間365日ワンストップで電話相談を受け、必要に応じて、具体的な解決につなげるための面接相談、同行支援を行う事業を実施した。

市町村において、地域住民の複雑化・複合化した支援ニーズに対応する包括的な支援体制を整備するため、対象者の属性を問わない相談支援、多様な参加支援、地域づくりに向けた支援を一体的に行う重層的支援体制整備事業の推進を図った。

イ　地域福祉計画の策定の支援

福祉サービスを必要とする高齢者を含めた地域住民が、地域社会を構成する一員として日常生活を営み、社会、経済、文化その他あらゆる分野の活動に参加する機会が確保されるよう地域福祉の推進に努めている。このため、福祉サービスの適切な利用の推進や福祉事業の健全な発達、地域福祉活動への住民参加の促進等を盛り込んだ地域福祉計画の策定の支援を引き続き行った。

ウ　地域における高齢者の安心な暮らしの実現

令和3年度においても、地域主導による地域医療の再生や在宅介護の充実を引き続き図った。医療、介護の専門家を始め、地域の多様な関係者を含めた多職種が協働して個別事例の支援方針の検討等を行う「地域ケア会議」の取組の推進や、情報通信技術の活用による在宅での生活支援ツールの整備等を進め、地域に暮らす高齢者が自らの希望するサービスを受けることができる社会の構築を進めた。

また、高齢者が地域での生活を継続していくためには、多様な生活支援や社会参加の場の提供が求められている。そのため、市町村が実施する地域支援事業を推進するとともに、各市町村が効果的かつ計画的に生活支援・介護予防サービスの基盤整備を行うことができるよう、市町村に生活支援コーディネーター（地域支え合い推進員）を配置するとともに、令和2年度からは、就労的活動をコーディネートする人材の配置を可能とするなど、その取組を推進した。

高齢者が安心して健康な生活が送れるようになることで、生涯学習や、教養・知識を吸収するための旅行等、新たなシニア向けサービスの需要も創造される。また、高齢者の起業や雇用にもつながるほか、高齢者が有する技術・知識等が次世代へも継承される。こうした好循環を可能とする環境の整備を行った。

(8) 新型コロナウイルス感染症への対応

これまでの感染対策においては、基本的な感染対策を推進することに加え、専門家の分析等で感染リスクが高いとされた飲食の場面を極力回避するため、飲食店の時短営業及び酒類提供の停止の措置を講じてきた。同時に、人流や人との接触機会を削減する観点から、外出・移動の自粛、イベント及び大規模集客施設への時短要請等の取組を進めてきた。また、検査・サーベイランスの強化、積極的疫学調査等によるクラスター対策、水際対策を含む変異株対策等の取組を実施してきた。

特に、令和3年3月下旬以降は、より感染力の強い変異株の出現による急速な感染拡大に対し、令和3年2月3日に成立した「新型インフルエンザ等対策特別措置法等の一部を改正する法律」（令和3年法律第5号）による改正後の法で創設されたまん延防止等重点措置区域におけ

る機動的な対策、ゴールデンウィーク期間中のイベントの無観客開催、大規模集客施設の休業等の集中的な対策を始め、緊急事態宣言等の下で、全国的に度重なる強い措置を講じてきた。また、強い感染力を持つ変異株が出現し、それまでの飲食への対策、人流抑制の取組のほか、再度の感染拡大の予兆や感染源を早期に探知するため、検査を大幅に強化するとともに、高齢者施設等における感染対策を強化する観点から、軽症であっても症状が現れた場合に、早期に陽性者を発見することができるよう、抗原定性検査キットの配布を行ってきた。加えて、緊急事態措置区域等に指定された都道府県等に対し、高齢者施設等の従事者等に対する検査の集中的実施計画を策定し、定期的な検査を実施することを要請してきた。さらに、令和4年1月以降のオミクロン株の発生と感染拡大を受け、学校、保育所、高齢者施設等におけるオミクロン株の特徴を踏まえた感染防止策の強化を行った。

令和3年11月に閣議決定した「コロナ克服・新時代開拓のための経済対策」に基づく補正予算により、新型コロナウイルス対応の病床確保等を支援することを決定したほか、介護サービス事業所・施設等に対しては、感染者等が生じた場合において、必要なサービスを継続して提供できるよう、通常の介護サービスの提供時では想定されない、職員の確保に関する費用や消毒費用などのかかり増し経費等に対して支援を行うとともに、緊急時の応援派遣に係る体制整備を構築する取組について補助を行った。さらに、令和3年度介護報酬改定において、全ての介護サービス事業者に対し、一定の経過措置期間を設け、BCP（業務継続計画）の策定やシミュレーションの実施を運営基準で義務付けた。

3 学習・社会参加

「学習・社会参加」については、大綱において、次の方針を示している。

> 高齢社会においては、価値観が多様化する中で、学習活動や社会参加活動を通じての心の豊かさや生きがいの充足の機会が求められるとともに、就業を継続したり日常生活を送ったりする上でも社会の変化に対応して絶えず新たな知識や技術を習得する機会が必要とされる。また、一人暮らし高齢者の増加も背景に、地域社会において多世代が交流することの意義が再認識されている。
>
> このため、高齢者が就業の場や地域社会において活躍できるよう高齢期の学びを支援する。さらに、高齢者を含めた全ての人々が、生涯にわたって学習活動を行うことができるよう、学校や社会における多様な学習機会の提供を図り、その成果の適切な評価の促進や地域活動の場での活用を図る。
>
> また、高齢化する我が国社会の持続可能性を高めるには全ての世代による支え合いが必要であることから、義務教育を含め、生涯を通じて社会保障に関する教育等を進め、若い世代を含む全世代が高齢社会を理解する力を養う。
>
> さらに、ボランティア活動やNPO活動等を通じた社会参加の機会は、生きがい、健康維持、孤立防止等につながるとともに、福祉に厚みを加える等地域社会に貢献し、世代間、世代内の人々の交流を深めて世代間交流や相互扶助の意識を醸成するものであることから、こうした活動の推進や参画支援を図る。

（1）学習活動の促進
ア　学校における多様な学習機会の提供
（ア）初等中等教育機関における多様な学習機会の確保

児童生徒が高齢社会の課題や高齢者に対する理解を深めるため、学習指導要領に基づき、小・中・高等学校において、ボランティア等社会奉仕に関わる活動や高齢者との交流等を含む体験活動の充実を図った。

（イ）高等教育機関における社会人の学習機会の提供

生涯学習のニーズの高まりに対応するため、大学においては、社会人入試の実施、夜間大学院の設置、昼夜開講制の実施、科目等履修生制度の実施、長期履修学生制度の実施等を引き続き行い、履修形態の柔軟化等を図って、社会人の受入れを一層促進した（図2-2-3）。

また、大学等が、その学術研究・教育の成果を直接社会に開放し、履修証明プログラムや公開講座を実施する等高度な学習機会を提供することを促進した。

さらに、高等教育段階の学習機会の多様な発展に寄与するため、短期大学卒業者、高等専門学校卒業者、専門学校等修了者で、大学における科目等履修生制度等を利用し一定の学習を修めた者については、独立行政法人大学改革支援・学位授与機構において審査の上、「学士」の学位授与を行っている。

放送大学においては、テレビ・ラジオ放送やインターネット等の身近なメディアを効果的に活用して、幅広く大学教育の機会を国民に提供した（図2-2-4）。

図２－２－３　大学院の社会人学生数の推移

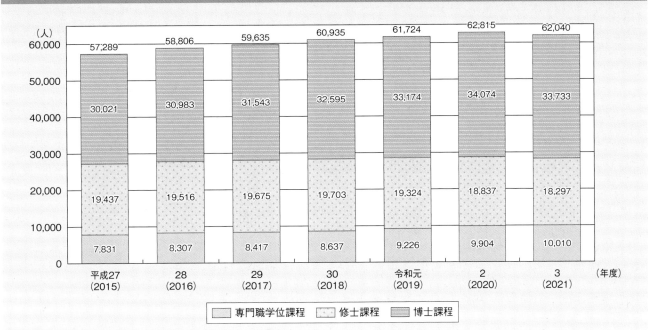

資料：文部科学省　学校基本調査報告書（各年度3月31日現在）
※修士課程「修士課程及び博士前期課程（5年一貫制博士課程の1，2年次を含む。）」
　　博士課程「博士後期課程（医・歯・薬学（4年制），獣医学の博士課程及び5年一貫制の博士課程の3～5年次を含む。)」

図２－２－４　放送大学在学者の年齢・職業

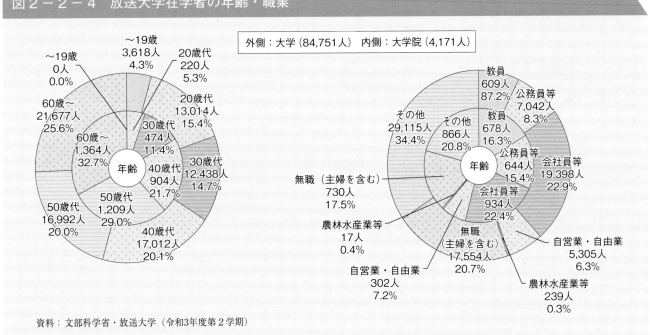

資料：文部科学省・放送大学（令和3年度第2学期）

（ウ）学校機能・施設の地域への開放

　児童生徒の学習・生活の場であり、地域コミュニティの拠点でもある公立学校施設の整備に対し国庫補助を行うとともに、学校施設整備指針を示すこと等により、学校開放に向けて、高齢者を含む地域住民の積極的な利用を促進するような施設づくりを進めている。

　また、小・中学校の余裕教室について、地方公共団体が社会教育施設やスポーツ・文化施設等への転用を図れるよう、取組を支援した。

イ　社会における多様な学習機会の提供

生涯学習の振興に向けて、平成2年に「生涯学習の振興のための施策の推進体制等の整備に関する法律」（平成2年法律第71号）が制定され、推進体制の整備が図られた。その後、平成18年に改正された「教育基本法」（平成18年法律第120号）で生涯学習の理念（第3条）が、さらにこの理念の実現のために、平成20年に改正された「社会教育法」（昭和24年法律第207号）でも「生涯学習の振興への寄与」が明示された（第3条第2項）。これらの法律や中央教育審議会の答申等に基づき、国民一人一人が生涯を通して学ぶことのできる環境の整備、多様な学習機会の提供、学習した成果が適切に評価されるための仕組み作り等、「生涯学習社会」の実現のための取組を進めた。

（ア）社会教育の振興

地域住民の身近な学習拠点である公民館を始めとする社会教育施設等において、幅広い年齢層を対象とした多様な学習機会の充実を促進した。

また、高齢者等の社会的に孤立しがちな住民の社会参画促進を図るため、行政や各種団体等で社会教育に携わる者を対象に、学びを通じた社会参画の実践による社会的孤立の予防・解消を図る方策を共有した。

（イ）文化活動の振興

国民文化祭の開催等による幅広い年齢層を対象とした文化活動への参加機会の提供、国立の博物館等における高齢者に対する優遇措置やバリアフリー化等による芸術鑑賞機会の充実を通じて多様な文化活動の振興を図った。

（ウ）スポーツ活動の振興

いつまでも健康で活力に満ちた長寿社会を実現するため、「スポーツによる地域活性化推進事業」を活用し、スポーツを通じた地域の活性化を推進するとともに、スポーツ行事の実施等の各種機会を通じて多様なスポーツ活動の振興を図った。

（エ）自然とのふれあい

国立公園等の利用者を始め、国民の誰もが自然とふれあう活動が行えるよう、自然ふれあい施設や体験活動イベント等の情報をインターネット等を通じて提供した。

ウ　社会保障等の理解促進

平成29年3月に改訂した中学校学習指導要領の社会科や技術・家庭科、平成30年3月に改訂した高等学校学習指導要領の公民科や家庭科において、少子高齢社会における社会保障の充実・安定化や介護に関する内容等が明記されたことを踏まえ、その周知を行うとともに、厚生労働省が作成・提供している各種教材に対する教職員等の意見を踏まえ、新たな教材等を開発し、学校現場へ提供した。

また、教職員向けの研修会の実施等を通じて、教育現場における社会保障に関する教育の普及促進を図った。

より公平・公正な社会保障制度の基盤となるマイナンバー制度については、平成29年11月から、情報連携の本格運用が開始され、各種年金関係手続のほか、介護保険を始め高齢者福祉に関する手続において、従来必要とされていた住民票の写しや課税証明書、年金証書等の書類が不要となっている。本格運用の対象事務は、平成29年11月の約900から、令和3年10月には約2,300と、順次拡大している。こうしたマイナ

ンバー制度の取組状況について、地方公共団体等とも連携し、国民への周知・広報を行った。

また、金融庁・財務局職員による出張授業（オンライン授業を含む。）の実施や教員向け研修会への講師派遣を行うほか、高校生及び教員向けの授業動画や若年層向けの金融経済に関する解説動画のオンライン配信など、ICTの活用により幅広い層に対して金融経済教育を推進した。

エ　高齢者等に向けたデジタル活用支援の推進

高齢者等がデジタル技術の利活用により、豊かな生活を送ることができるようにするため、高齢者等が、住居から地理的に近い場所で、身近な人からデジタル活用を学べる環境が必要である。このため、総務大臣政務官及び厚生労働大臣政務官の共宰により開催された「デジタル活用共生社会実現会議」において、高齢者等のデジタル活用を支援するデジタル活用支援推進事業の講師の仕組みの検討が行われ、平成31年4月に提言が示された。令和元年度には、この提言に基づきデジタル活用支援について、全国展開に向けた基礎調査を実施し、令和2年度には、全国11か所（12件）で実証事業を実施した。また、令和3年度には、民間企業や地方公共団体等と連携し、オンライン行政手続等のスマートフォンの利用方法に対する助言・相談等の対応支援を行う「講習会」を、全国において本格的に実施した。

オ　ライフステージに応じた消費者教育の取組の促進

消費者の自立を支援するために行われる消費生活に関する教育、すなわち消費者教育は、幼児期から高齢期までの各段階に応じて体系的に行われるとともに、年齢、障害の有無その他の消費者の特性に配慮した適切な方法で行わなければならない。こうした消費者教育を総合的かつ一体的に推進するため、平成24年12月に「消費者教育の推進に関する法律」（平成24年法律第61号）が施行され、同法に基づく「消費者教育の推進に関する基本的な方針」（平成25年6月閣議決定、平成30年3月変更の閣議決定）には、ライフステージに応じた体系的な消費者教育を行う必要性と、その実現のための施策の方向性が示されており、社会情勢等を踏まえた当面の重点課題として、①若年者の消費者教育、②消費者の特性に配慮した体系的な消費者教育の推進、③高度情報通信ネットワーク社会の発展に対応した消費者教育の推進が掲げられ、これらの重点課題について消費者教育推進会議の下で分科会を開催し、実現に向けた具体的方策の検討を行っている。令和3年度には、社会のデジタル化に対応した消費者教育に関する分科会において、デジタル化に対応した消費者教育として重点化すべき内容、ライフステージに応じて重点化すべき内容等について取りまとめた（令和3年5月）。

（2）社会参加活動の促進

ア　多世代による社会参加活動の促進

（ア）高齢者の社会参加と生きがいづくり

高齢者の生きがいと健康づくり推進のため、地域を基盤とする高齢者の自主的な活動組織である老人クラブ等や都道府県及び市町村が行う地域の高齢者の社会参加活動を支援した（図2－2－5）。国民一人一人が積極的に参加し、その意義について広く理解を深めることを目的とした「全国健康福祉祭（ねんりんピック）」について、令和3年10月に開催予定であった「ぎふ大会」は新型コロナウイルス感染症の感染状況を踏まえ開催中止となった。

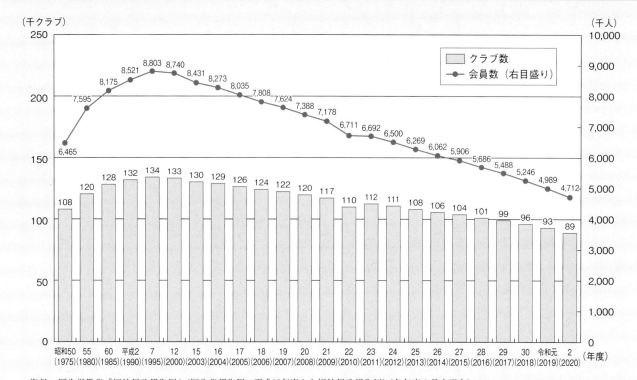

図２－２－５ 老人クラブ数と会員数の推移

資料：厚生労働省「福祉行政報告例」（厚生省報告例、平成12年度から福祉行政報告例）（各年度３月末現在）
(注)　平成22年度は、東日本大震災の影響により、岩手県（盛岡市以外）、宮城県（仙台市以外）、福島県（郡山市及びいわき市以外）を除いて
　　　集計した数値である。

　また、地域の社会教育を推進するため、社会教育を行う者に対する専門的技術的な指導助言を行う社会教育主事等の専門的職員の養成等を図った。

　さらに、退職教員や企業退職高齢者等を含む幅広い地域住民や企業・団体等の参画により、地域と学校が連携・協働して、学びによるまちづくり、地域人材育成、郷土学習、放課後等における学習・体験活動等、地域全体で未来を担う子供たちの成長を支え、地域を創生する「地域学校協働活動」を全国的に推進した。

　加えて、地域で子供たちがプログラミング等ICT活用スキルを学ぶ機会を提供し、高齢者を含む地域住民との交流を行ったり、地域課題をテーマ設定するなどして、地域人材の育成にも資するものである「地域ICTクラブ」の普及促進に取り組んでいる。

　また、企業退職高齢者等が、地域社会の中で役割を持って生き生きと生活できるよう、有償ボランティア活動による一定の収入を得ながら自らの生きがいや健康づくりにもつながる活動を行い、同時に介護予防や生活支援のサービスの基盤整備を促進する「高齢者生きがい活動促進事業」を実施した。

　加えて、高齢者を含む誰もが旅行を楽しむことができる環境を整備するため、令和２年12月に創設した「観光施設における心のバリアフリー認定制度」の普及促進に取り組んでいる。さらに、旅館・ホテル等におけるバリアフリー化への改修の支援を実施した。

　また、高齢者の社会参加や世代間交流の促進、社会活動を推進するリーダーの育成・支援、さらには関係者間のネットワーキングに資することを目的に、地域参加に関心を持つ者が情報交換や多様な課題についての議論を行う「高齢社会フォーラム」を毎年行っており、令和３年

度においては、令和4年1月にオンライン方式により開催した。

また、年齢にとらわれず自由で生き生きとした生活を送る高齢者（エイジレス・ライフ実践者）や社会参加活動を積極的に行っている高齢者の団体等を毎年広く紹介しており、令和3年度においては、個人50名及び36団体を選考し、社会参加活動等の事例を広く国民に紹介する事業を実施した。

（イ）高齢者の余暇時間等の充実

高齢者等がテレビジョン放送を通じて情報アクセスの機会を確保できるよう、字幕放送、解説放送及び手話放送の充実を図るため、総務省では、平成30年2月にテレビジョン放送事業者の字幕放送等の令和9年度までの普及目標値を定めた「放送分野における情報アクセシビリティに関する指針」を策定した。本指針に基づき、各放送事業者は字幕放送等の普及に取り組んでおり、本指針対象番組に対する字幕放送の令和2年度実績において、NHK総合及び在京キー5局では約100％を引き続き達成した。あわせて、字幕付きCMの普及についても、字幕付きCM普及推進協議会（日本アドバタイザーズ協会、日本広告業協会、日本民間放送連盟の3団体で構成）が令和2年9月に策定した「字幕付きCM普及推進に向けたロードマップ」に基づき、字幕付きCMの放送枠を増やす取組が東名阪地区を中心に進められ、令和3年10月からは全国的な取組に拡大された。

イ 市民やNPO等の担い手の活動環境の整備

市民の自由な社会貢献活動を促進するため、寄附税制の活用促進に取り組むとともに、令和2年12月に改正された「特定非営利活動促進法」（平成10年法律第7号、以下「NPO法」という。）

が令和3年6月より施行されたことから、改正法の円滑な運用に取り組んだ。

また、開発途上国からの要請（ニーズ）に見合った技術・知識・経験を持ち、かつ開発途上国の社会や経済の発展への貢献を希望する国民が、JICA海外協力隊員（対象：20歳から69歳まで）として途上国の現場で活躍する、独立行政法人国際協力機構を通じた事業（JICAボランティア事業）を引き続き推進した。なお、新型コロナウイルス感染症対策として、受け入れ体制が整った派遣先から渡航を行い、募集・派遣前訓練も限定的に行った。

4 生活環境

「生活環境」については、大綱において、次の方針を示している。

> 高齢者の居住の安定確保に向け、高齢者向け住宅の供給を促進し、重層的かつ柔軟な住宅セーフティネットの構築を目指すとともに、住み慣れた地域の中で住み替えの見通しを得やすいような環境整備を進める。また、高齢者のニーズを踏まえ将来にわたり活用される良質な住宅の供給を促進し、併せて、戸建てや共同住宅の特性の違いにも留意しつつ、それらが適切に評価、循環利用される環境を整備することを通じ、生涯にわたって豊かで安定した住生活の確保を図るとともに、高齢者が保有する住宅の資産価値を高め、高齢期の経済的自立に資するとともに、その資産の次世代への適切な継承を図る。
>
> 地域における多世代間の理解や助け合いを行える地域コミュニティづくりを推進する。地域公共交通ネットワークを再構築す

るとともに、福祉・医療等の生活機能や人々の居住をまちなかや公共交通沿線に立地誘導し、徒歩や公共交通で移動しやすい環境を実現するため、コンパクト・プラス・ネットワークを推進する。また、快適な都市環境の形成のために水と緑の創出等を図るとともに、活力ある農山漁村の再生のため、高齢化の状況や社会的・経済的特性に配慮しつつ、生活環境の整備等を推進する。

高齢者を含む全ての世代の人が安全・安心に生活し、社会参加できるよう、住宅等から交通機関、まちなかまでハード・ソフト両面にわたり連続したバリアフリー環境の整備を推進する。東京2020大会の開催も視野に取組を進める。

関係機関の効果的な連携の下に、地域住民の協力を得て、災害から高齢者を守るとともに、高齢者が交通事故や犯罪の当事者となることを防止し、高齢者が安全に生活できる環境の形成を図る。また、成年後見制度が一層利用されるように環境整備を図る。

（1）豊かで安定した住生活の確保

「住生活基本計画（全国計画）」（令和3年3月閣議決定）に掲げた目標（〔1〕「新たな日常」やDXの進展等に対応した新しい住まい方の実現、〔2〕頻発・激甚化する災害新ステージにおける安全な住宅・住宅地の形成と被災者の住まいの確保、〔3〕子どもを産み育てやすい住まいの実現、〔4〕多様な世代が支え合い、高齢者等が健康で安心して暮らせるコミュニティの形成とまちづくり、〔5〕住宅確保要配慮者が安心して暮らせるセーフティネット機能の整備、〔6〕脱炭素社会に向けた住宅循環システムの構築と良質な住宅ストックの形成、〔7〕空き家の状況

に応じた適切な管理・除却・利活用の一体的推進、〔8〕居住者の利便性や豊かさを向上させる住生活産業の発展）を達成するため、必要な施策を着実に推進した。

ア　次世代へ継承可能な良質な住宅の供給促進
（ア）持家の計画的な取得・改善努力への援助等の推進

良質な持家の取得・改善を促進するため、勤労者財産形成住宅貯蓄の普及促進等を図るとともに、独立行政法人住宅金融支援機構の証券化支援事業及び独立行政法人勤労者退職金共済機構等の勤労者財産形成持家融資を行っている。

また、住宅ローン減税等の税制上の措置を活用し、引き続き良質な住宅の取得を促進した。

（イ）高齢者の持家ニーズへの対応

住宅金融支援機構において、親族居住用住宅を証券化支援事業の対象とするとともに、親子が債務を継承して返済する親子リレー返済（承継償還制度）を実施している。

（ウ）将来にわたり活用される良質なストックの形成

「長期優良住宅の普及の促進に関する法律」（平成20年法律第87号）に基づき、住宅を長期にわたり良好な状態で使用するため、その構造や設備について、一定以上の耐久性、維持管理容易性等の性能を備え、適切な維持保全が確保される「認定長期優良住宅」の普及促進を図った。

イ　循環型の住宅市場の実現
（ア）既存住宅流通・リフォーム市場の環境整備

消費者ニーズに対応した既存住宅流通・リフォーム市場の環境整備を図るため、登録講習

機関が実施する既存住宅状況調査技術者講習による技術者の育成を通じ、建物状況調査（インスペクション）の普及促進を図るとともに、既存住宅売買に活用可能な瑕疵担保責任保険の普及を図っている。

また、既存住宅売買やリフォームに関する瑕疵保険に加入した住宅に係る紛争を住宅紛争処理の対象に追加すること等を内容とした、「特定住宅瑕疵担保責任の履行の確保等に関する法律の一部改正を含む改正法案」を国会に提出し（令和3年5月成立）、同法の施行に向けた環境整備を行った。

さらに、住宅リフォーム事業の健全な発達及び消費者が安心してリフォームを行うことができる環境の整備を図るため、住宅リフォーム事業者の業務の適正な運営の確保及び消費者への情報提供等を行う等、一定の要件を満たす住宅リフォーム事業者の団体を国が登録する「住宅リフォーム事業者団体登録制度」を実施している。

また、住宅ストック維持・向上促進事業により、良質な住宅ストックが適正に評価される市場の形成を促進する先導的な取組に対し支援したほか、長期優良住宅化リフォーム推進事業により、既存住宅の長寿命化に資するリフォームの取組を支援した。

消費者に対し既存住宅の基礎的な情報を提供する「安心R住宅」制度を実施している。

（イ）高齢者に適した住宅への住み替え支援

高齢者等の所有する戸建て住宅等を、広い住宅を必要とする子育て世帯等へ賃貸することを円滑化する制度により、高齢者に適した住宅への住み替えを促進した。

また、同制度を活用して住み替える先の住宅を取得する費用について、住宅金融支援機構の

証券化支援事業における民間住宅ローンの買取要件の緩和を行っている。

さらに、高齢者が住み替える先のサービス付き高齢者向け住宅に係る入居一時金及び住み替える先の住宅の建設・購入資金について、住宅融資保険制度を活用し、民間金融機関のリバースモーゲージの普及を支援している。

ウ　高齢者の居住の安定確保
（ア）良質な高齢者向け住まいの供給

「高齢者の居住の安定確保に関する法律等の一部を改正する法律」（平成23年法律第32号）により創設された「サービス付き高齢者向け住宅」の供給促進のため、整備費に対する補助、税制の特例措置、住宅金融支援機構の融資による支援を行った。また、新たな日常に対応するため、非接触でのサービス提供等を可能とするIoT技術の導入支援を行った。

さらに、高齢者世帯等の住宅確保要配慮者の増加に対応するため、民間賃貸住宅を活用したセーフティネット登録住宅を推進するとともに、登録住宅の改修や入居者負担の軽減等への支援を行った。

また、有料老人ホームやサービス付き高齢者向け住宅について、利用者を保護する観点から、前払金の返還方法や権利金の受領禁止の規定の適切な運用の徹底を引き続き求めた。

（イ）高齢者の自立や介護に配慮した住宅の建設及び改造の促進

健康で快適な暮らしを送るために必要な既存住宅の改修における配慮事項を平成31年3月にまとめた「健康で快適な暮らしのための住まいの改修ガイドライン」を普及推進することで、バリアフリー化等の改修を促進した。

住宅金融支援機構においては、高齢者自ら

が行う住宅のバリアフリー改修について高齢者向け返済特例制度を適用した融資を実施している。また、証券化支援事業の枠組みを活用したフラット35Sにより、バリアフリー性能等に優れた住宅に係る金利引下げを行っている。さらに、住宅融資保険制度を活用し、民間金融機関が提供する住宅の建設、購入、改良等の資金に係るリバースモーゲージの普及を支援している。

バリアフリー構造等を有する「サービス付き高齢者向け住宅」の供給促進のため、整備費に対する補助、税制の特例措置、住宅金融支援機構の融資による支援を行った。

（ウ）公共賃貸住宅

公共賃貸住宅においては、バリアフリー化を推進するため、原則として、新たに供給する全ての公営住宅、改良住宅及び都市再生機構賃貸住宅について、段差の解消等一定の高齢化に対応した仕様により建設している。

この際、公営住宅、改良住宅の整備においては、中高層住宅におけるエレベーター設置等の高齢者向けの設計・設備によって増加する工事費について助成を行った。都市再生機構賃貸住宅においても、中高層住宅の供給においてはエレベーター設置を標準としている。

また、老朽化した公共賃貸住宅については、計画的な建替え・改善を推進した。

（エ）住宅と福祉の施策の連携強化

「高齢者の居住の安定確保に関する法律」（平成13年法律第26号）に基づき、都道府県及び市町村において高齢者の居住の安定確保のための計画を定めることを推進した。また、生活支援・介護サービスが提供される高齢者向けの賃貸住宅の供給を促進し、医療・介護と連携した安心できる住まいの提供を実施した。

また、市町村の総合的な高齢者住宅施策の下、シルバーハウジング・プロジェクト事業を実施するとともに、公営住宅等においてライフサポートアドバイザー等のサービス提供の拠点となる高齢者生活相談所の整備を促進した。

さらに、既存の公営住宅や改良住宅の大規模な改修と併せて、高齢者福祉施設等の生活支援施設の導入を図る取組に対しても支援を行っている。

（オ）高齢者向けの先導的な住まいづくり等への支援

スマートウェルネス住宅等推進事業により、高齢者等の居住の安定確保・健康維持増進に係る先導的な住まいづくりの取組等に対して補助を行った。

（カ）高齢者のニーズに対応した公共賃貸住宅の供給

公営住宅については、高齢者世帯向公営住宅の供給を行った。また、地域の実情を踏まえた地方公共団体の判断により、高齢者世帯の入居収入基準を一定額まで引き上げるとともに、入居者選考において優先的に取り扱うことを可能としている。

都市再生機構賃貸住宅においては、高齢者同居世帯等に対する入居又は住宅変更における優遇措置を行っている（表2－2－6）。

（キ）高齢者の民間賃貸住宅への入居の円滑化

高齢者等の民間賃貸住宅への円滑な入居を促進するため、地方公共団体や関係事業者、居住支援団体等が組織する居住支援協議会や平成29年度に改正された「住宅確保要配慮者に対する賃貸住宅の供給の促進に関する法律」（平成19年法律第112号）に基づいた居住支援法人

表2－2－6 公営住宅等の高齢者向け住宅供給戸数

年度	高齢者対策向公営住宅建設戸数	サービス付き高齢者向け住宅登録戸数	都市再生機構賃貸住宅の優遇措置戸数			住宅金融支援機構の割増貸付け戸数
			賃貸	分譲	計	
平成10年度	2,057	－	3,143	571	3,714	34,832
15	627	－	7,574 (3,524)	45	7,619	558
20	303	－	1221 (684)	0	1,221	0
25	430	109,239	471 (368)	0	471	0
26	260	146,544	372 (305)	0	372	0
27	328	199,056	486 (303)	0	486	0
28	319	215,955	329 (293)	0	329	0
29	287	229,947	255 (223)	0	255	0
30	430	244,054	470 (226)	0	470	0
令和元年度	368	254,747	299 (256)	0	299	0
2	756	267,069	318 (91)	0	318	0

資料：国土交通省
(注1) サービス付き高齢者向け住宅登録戸数は、各年度末時点における総登録戸数である。
(注2) 都市再生機構賃貸住宅の優遇措置戸数には、障害者及び障害者を含む世帯に対する優遇措置戸数を含む（空家募集分を含む。）。
(注3) 優遇措置の内容としては、当選率を一般の20倍としている（平成20年8月までは10倍）。
(注4) （ ）内は高齢者向け優良賃貸住宅戸数であり内数である。
(注5) 住宅金融支援機構の割増（平成10年に制度改正）貸付け戸数は、マイホーム新築における高齢者同居世帯に対する割増貸付け戸数である（この制度は平成17年度をもって廃止。）。

が行う相談・情報提供等に対する支援を行った。

(2) 高齢社会に適したまちづくりの総合的推進
ア 共生社会の実現に向けた「ユニバーサルデザイン2020行動計画」に基づく取組の推進

東京2020大会を契機として、共生社会の実現に向けたユニバーサルデザインの街づくり、心のバリアフリーを推進し、大会以降のレガシーとして残していく施策を実行するため、「ユニバーサルデザイン2020関係閣僚会議」にて、「ユニバーサルデザイン2020行動計画」が平成29年2月に決定された。また、「ユニバーサルデザイン2020行動計画」の実行を加速化し、障害者の視点を施策に反映させる枠組みとして、構成員の過半を障害当事者又はその支援団体が占める「ユニバーサルデザイン2020評価会議」が平成30年12月に設置された。「ユニバーサルデザイン2020評価会議」は令和3年度末までに計5回実施されており、令和3年11月に実施した第5回のユニバーサルデザイン2020評価会議において、ユニバーサルデザイン2020行動計画に基づいた「心のバリアフリー」と「ユニバーサルデザインの街づくり」のこれまでの取組について報告し、総括を行った。

また、令和2年5月、東京2020大会のレガシーとしての共生社会の実現に向け、ハード対策に加え、移動等円滑化に係る「心のバリアフリー」の観点からの施策の充実などソフト対策を強化する「高齢者、障害者等の移動等の円滑化の促進に関する法律の一部を改正する法律」（令和2年法律第28号）が第201回国会で成立し、令和3年4月に全面施行された。

イ 多世代に配慮したまちづくり・地域づくりの総合的推進

高齢者等全ての人が安全・安心に生活し、社会参加できるよう、高齢者に配慮したまちづくりを総合的に推進するため、「高齢者、障害者等の移動等の円滑化の促進に関する法律」（平成18年法律第91号、以下「バリアフリー法」という。）に基づく移動等円滑化促進方針及び基本構想の作成を市町村に働きかけるとともに、地域公共交通バリアフリー化調査事業及びバリアフリー環境整備促進事業を実施した。

高齢化の進行や人口減少等を含めた社会構造変化や環境等に配慮したまちづくりを進めることが不可欠であるとの観点から、環境価値、社会的価値、経済的価値を新たに創造し、「誰もが暮らしたいまち」・「誰もが活力あるまち」の実現を目指す「環境未来都市」構想を推進するため、引き続き、選定された環境未来都市及び環境モデル都市の取組に関する普及展開等を実施した。

「誰一人取り残さない」社会の実現を目指す持続可能な開発目標（SDGs）の達成に向けた取組は、地方創生の実現にも資するものである。このため、「第2期『まち・ひと・しごと創生総合戦略』（2020改訂版）」（令和2年12月閣議決定）において、政策体系のうち「横断的な目標」として「地方創生SDGsの実現などの持続可能なまちづくり」が引き続き位置付けられ、経済・社会・環境を巡る広範な課題に統合的に取り組み、SDGsを原動力とした地方創生を推進する旨が盛り込まれている。

令和3年2月から3月にかけて、地方公共団体（都道府県及び市町村）によるSDGsの達成に向けた取組を公募し、令和3年5月に、優れた取組を提案する都市を「SDGs未来都市」として31都市選定し、その中でも特に先導的な取組を自治体SDGsモデル事業として10事業選定した。また、地方公共団体が広域で連携し、SDGsの理念に沿って地域のデジタル化や脱炭素化等を行う地域活性化に向けた取組である「広域連携SDGsモデル事業」を公募した。

また、多様なステークホルダー間のパートナーシップを深め、官民連携の取組を促進することを目的として令和3年9月には「2021年度地方創生SDGs官民連携プラットフォーム総会」及び関連イベントを、令和3年7月と12月にはマッチングイベントをそれぞれ開催した。

さらに、金融面においても地方公共団体と地域金融機関等が連携して、地域課題の解決やSDGsの達成に取り組む地域事業者を支援し、地域における資金の還流と再投資を生み出す「地方創生SDGs金融」を通じた自律的好循環の形成を推進した。令和2年10月には、SDGs達成への取組を積極的に進める事業者等を「見える化」するために「地方公共団体のための地方創生SDGs登録・認証等制度ガイドライン」を公表するとともに、令和3年11月には、SDGsの達成に取り組む地域事業者等に対する優れた支援を連携して行う地方公共団体と地域金融機関等を表彰する「地方創生SDGs金融表彰」を創設し、令和4年3月に表彰を実施した。

加えて、次世代の成長の原動力となる「グリーン・脱炭素」や「デジタル」をテーマとし、国際的な状況・国内外の都市における先進的な取組の共有を行い、地方創生SDGsを推進するため、令和4年1月に「地方創生SDGs国際フォーラム2022」を開催した。

誰もが身近に自然とふれあえる快適な環境の形成を図るため、歩いていける範囲の身近な公園を始めとした都市公園等の計画的な整備を行っている。

また、河川等は、高齢者にとって憩いと交流

の場を提供する役割を果たしている。

地方創生の観点から全世代・全員活躍型「生涯活躍のまち」の取組を推進している。令和2年度を初年度とする「第2期『まち・ひと・しごと創生総合戦略』」（令和元年12月閣議決定）において「生涯活躍のまち」の位置付けを全世代を対象に、誰もが居場所と役割を持って活躍できるコミュニティづくりへと見直したことを踏まえ、令和2年7月に「「生涯活躍のまち」づくりに関するガイドライン」を策定した。また「生涯活躍のまち」に取り組む地方公共団体の事例集を作成するとともに、勉強会・意見交換会の開催を通じて、「生涯活躍のまち」の参考となる事例やノウハウ等の周知に努めたほか、「生涯活躍のまち」に取り組む意向のある地方公共団体への伴走的支援を行った。これらの取組の下、令和3年10月現在で372の地方公共団体が「生涯活躍のまち」に既に取り組んでいる、又は取り組む意向を示しているとともに、151団体が「生涯活躍のまち」に関する構想等を策定している。

中山間地域等において、各種生活サービス機能が一定のエリアに集約され、集落生活圏内外をつなぐ交通ネットワークが確保された拠点である「小さな拠点」の形成拡大と質的向上を目指し、全国フォーラムやオンラインセミナーの開催等により、地域の自立共助の運営組織や全国の多様な関係者間の連携を図る等、総合的に支援した。

ウ　公共交通機関等の移動空間のバリアフリー化

（ア）バリアフリー法に基づく公共交通機関のバリアフリー化の推進

「どこでも、だれでも、自由に、使いやすく」というユニバーサルデザインの考え方を踏まえ

た、バリアフリー法に基づき、旅客施設・車両等の新設等の際の「公共交通移動等円滑化基準」への適合義務、既設の旅客施設・車両等に対する適合努力義務を定めている。

また、バリアフリー法に基づく「移動等円滑化の促進に関する基本方針」に係るバリアフリー整備目標について、障害当事者団体や有識者の参画する検討会において議論を重ね、ハード・ソフト両面でのバリアフリー化をより一層推進する観点から、各施設等について地方部を含めたバリアフリー化の一層の促進、聴覚障害及び知的障害・精神障害・発達障害に係るバリアフリーの進捗状況の見える化、「心のバリアフリー」の推進等を図るとともに、新型コロナウイルス感染症による影響への対応等を踏まえ、時代の変化により早く対応するため、目標期間をおおむね5年間とする最終取りまとめを令和2年11月に公表し、令和3年4月から施行することとした。

加えて、「交通政策基本法」（平成25年法律第92号）に基づく「第2次交通政策基本計画」（令和3年5月閣議決定）においても、バリアフリー化等の推進を目標の一つとして掲げており、これらを踏まえながらバリアフリー化の更なる推進を図っている。

（イ）ガイドライン等に基づくバリアフリー化の推進

公共交通機関の旅客施設・車両等について、ガイドライン等でバリアフリー化整備の望ましいあり方を示し、公共交通事業者等がこれを目安として整備することにより、利用者にとってより望ましい公共交通機関のバリアフリー化が進むことが期待される。このため、ハード対策としては「公共交通機関の旅客施設に関する移動等円滑化整備ガイドライン（令和4年3月）」

及び、「公共交通機関の車両等に関する移動等円滑化整備ガイドライン（令和4年3月）」に基づき、ソフト対策としては「公共交通機関の役務の提供に関する移動等円滑化整備ガイドライン（令和4年3月）」に基づき、バリアフリー化を進めている。

なお、旅客船については「旅客船バリアフリーガイドライン（令和3年11月）」、ユニバーサルデザインタクシーについては「標準仕様ユニバーサルデザインタクシー認定要領（令和2年3月）」、ノンステップバスについては「標準仕様ノンステップバス認定要領（平成27年7月）」、航空旅客ターミナルについては「空港旅客ターミナルビル等のバリアフリーに関するガイドライン（平成30年10月）」によって更なるバリアフリー化の推進を図っている。

（ウ）公共交通機関のバリアフリー化に対する支援

高齢者の移動等円滑化を図るため、駅・空港等の公共交通ターミナルのエレベーターの設置等の高齢者の利用に配慮した施設の整備、ノンステップバス等の車両の導入等を推進している（表2－2－7）。

このための推進方策として、鉄道駅等旅客ターミナルのバリアフリー化、ノンステップバス、ユニバーサルデザインタクシーを含む福祉タクシーの導入等に対する支援措置を実施している。

（エ）歩行空間の形成

移動は就労、余暇等のあらゆる生活活動を支える要素であり、その障壁を取り除き、全ての人が安全に安心して暮らせるよう、信号機、歩

表2－2－7　高齢者等のための公共交通機関施設整備等の状況

(1) 旅客施設のバリアフリー化の状況（注）

	1日当たりの平均利用者数 3,000人以上の旅客施設数	令和2年度末		1日当たりの平均利用者数 3,000人以上かつトイレを設置している旅客施設数	令和2年度末
		段差の解消	視覚障害者誘導用ブロック		障害者用トイレ
鉄軌道駅	3,251	3,090　(95.0%)	3,158　(97.1%)	3,074	2,832　(92.1%)
バスターミナル	36	34　(94.4%)	35　(97.2%)	27	22　(81.5%)
旅客船ターミナル	8	8　(100%)	8　(100%)	8	8　(100%)
航空旅客ターミナル	16	16　(100%)	16　(100%)	16	16　(100%)

（注）バリアフリー法に基づく公共交通移動等円滑化基準に適合するものの数字

(2) 車両等のバリアフリー化の状況（注）

	車両等の総数	令和2年度末移動等円滑化基準に適合している車両等
鉄軌道車両	52,645	40,027　(76.0%)
ノンステップバス（適用除外認定車両を除く）	46,226	29,489　(63.8%)
リフト付きバス（適用除外認定車両）	11,688	674　(5.8%)
貸切バス	－	1,975
旅客船	668	356　(53.3%)
航空機	641	639　(99.7%)

（注）「移動等円滑化基準に適合している車両等」は、各車両等に関する公共交通移動等円滑化基準への適合をもって算定

(3) 福祉タクシーの導入状況（ユニバーサルデザインタクシーを含む。）

　　令和2年度末 41,464両

　　　　　　（タクシー車両総数　213,886両（令和2年度末））
　　　　　　※法人、個人事業者及び福祉輸送限定事業者の車両数の合計

資料：国土交通省

道等の交通安全施設等の整備を推進した。

高齢歩行者等の安全な通行を確保するため、①幅の広い歩道等の整備、②歩道の段差・傾斜・勾配の改善、③無電柱化推進計画に基づく道路の無電柱化、④歩行者用案内標識の設置、⑤歩行者等を優先する道路構造の整備、⑥自転車道等の設置による歩行者と自転車交通の分離、⑦生活道路における速度の抑制及び通過交通の抑制・排除並びに幹線道路における道路構造の工夫や、交通流の円滑化を図るための信号機、道路標識等の重点的整備、⑧バリアフリー対応型信号機（Bluetooth を活用し、スマートフォン等に対して歩行者用信号情報を送信するとともに、スマートフォン等の操作により青信号の延長を可能とする高度化 PICS を含む。）の整備、⑨歩車分離式信号の運用、⑩見やすく分かりやすい道路標識・道路標示の整備、⑪信号灯器の LED 化等の対策を実施した。

また、高齢者を始めとする誰もがスムーズに通行できるよう、多様な利用者のニーズ調査を行い、道路構造の工夫等を盛り込んだ事例集を策定するなど、道路のユニバーサルデザイン化を推進した。

生活道路において、最高速度30キロメートル毎時の区域規制とハンプ等の物理的デバイスとの適切な組合せにより交通安全の向上を図る区域を「ゾーン30プラス」として設定し、警察と道路管理者が緊密に連携しながら、生活道路における人優先の安全・安心な通行空間の整備の更なる推進を図った。

（オ）道路交通環境の整備

高齢者等が安心して自動車を運転し外出できるよう、生活道路における交通規制の見直し、付加車線の整備、道路照明の増設、道路標識・道路標示の高輝度化、信号灯器の LED 化、「道の駅」における優先駐車スペース、高齢運転者等専用駐車区間の整備等の対策を実施した。

（カ）バリアフリーのためのソフト面の取組

国民一人一人がバリアフリーについての理解を深めるとともに、高齢者、障害者等の困難を自らの問題として認識し、自然に快くサポートできるよう、高齢者、障害者等の介助体験・擬似体験等を内容とする「バリアフリー教室」の開催や目の不自由な方への声かけや列車内での利用者のマナー向上を図る「声かけ・サポート運動」といった啓発活動等ソフト面での取組を推進している。また、高齢者や障害者等に対する交通事業者による統一された一定水準の接遇を確保するため、「接遇研修モデルプログラム」を活用した研修実施の推進を図った。

高齢者や障害者等も含め、誰もが屋内外をストレス無く自由に活動できるユニバーサル社会の構築に向け、ICT を活用した歩行者移動支援施策を推進している。「ICT を活用した歩行者移動支援の普及促進検討委員会」において取りまとめられた提言を踏まえ、施設や経路のバリアフリー情報等の移動に必要なデータを多方面で活用する手法等を検討した。また、高齢者、障害者等を含めた人々を対象としたナビゲーションサービス提供等の利活用検証を民間事業者と連携して実施する等、移動支援サービスの普及を促進した。

（キ）訪日外国人旅行者の受入環境整備

訪日外国人旅行者の移動円滑化を図るため、スロープ等の設置等を補助制度により支援した。

エ　建築物・公共施設等のバリアフリー化

バリアフリー法に基づく認定を受けた優良な

建築物（認定特定建築物）のうち一定のものの整備に対して支援措置を講ずることにより、高齢者・障害者等が円滑に移動等できる建築物の整備を促進している。

窓口業務を行う官署が入居する官庁施設について、バリアフリー法に基づく建築物移動等円滑化誘導基準に規定された整備水準の確保等により、高齢者を始め全ての人が、安全に、安心して、円滑かつ快適に利用できる施設を目指した整備を推進している。

社会資本整備総合交付金等の活用によって、誰もが安心して利用できる都市公園の整備を推進するとともに、バリアフリー法に基づく基準等により、公園施設のバリアフリー化を推進している。

誰もが身近に自然とふれあえる快適な環境の形成を図るため、歩いていける範囲の身近な公園を始めとした都市公園等の計画的な整備を推進している。

また、訪日外国人旅行者が我が国を安心して旅行できる環境を整備するため、訪日外国人旅行者の来訪が特に多い、又はその見込みのあるものとして観光庁が指定する市町村に係る観光地における代表的な観光スポットにおける段差の解消を支援している。

オ　活力ある農山漁村の再生

農福連携の取組として、社会福祉法人等による高齢者を対象とした生きがい及びリハビリを目的とした農園の整備等を支援した。

さらに、都市にも開かれた美しくゆとりある農山漁村空間の創出を図った。

また、高齢者等による農作業中の事故が多い実態を踏まえ、全国の農業者が農作業安全研修を受講可能な体制を構築する取組等を支援するとともに、農作業安全の全国運動を実施した。

加えて、「漁港漁場整備法」（昭和25年法律第137号）に基づき策定された「漁港漁場整備長期計画」（平成29年3月閣議決定）を踏まえ、防風・防暑・防雪施設や浮き桟橋等の就労環境の改善に資する施設整備を実施した。

（3）交通安全の確保と犯罪、災害等からの保護
ア　交通安全の確保

近年、交通事故における致死率の高い高齢者の人口の増加が、交通事故死者数を減りにくくさせる要因の一つとなっており、今後、高齢化が更に進むことを踏まえると、高齢者の交通安全対策は重点的に取り組むべき課題である。

高齢者にとって、安全で安心な交通社会の形成を図るため、令和3年3月に中央交通安全対策会議で決定した「第11次交通安全基本計画」（計画期間：令和3～7年度）等に基づき、①生活道路等における人優先の安全・安心な歩行空間の整備、②参加・体験・実践型の交通安全教育、③交通安全教育を受ける機会の少ない高齢者を対象とした個別指導、④シルバーリーダー（高齢者交通安全指導員）を対象とした参加・体験・実践型の講習会の実施による高齢者交通安全教育の推進、⑤高齢運転者対策等の交通安全対策を実施した。

また、歩行中及び自転車乗用中の交通事故死者に占める高齢者の割合が高いことを踏まえ、歩行者及び自転車利用者の交通事故が多発する交差点等における交通ルール遵守の呼び掛けや、「第2次自転車活用推進計画」（令和3年5月閣議決定）に基づき、歩行者、自転車及び自動車が適切に分離された自転車通行空間の計画的な整備を促進するなど、安全で快適な自転車利用環境の創出を推進した。

さらに、踏切道の歩行者対策として「踏切安全通行カルテ」に「移動等円滑化要対策踏切」

を追加、踏切道の現状を「見える化」しつつ、「踏切道改良促進法」（昭和36年法律第195号）に基づき、地方踏切道改良協議会を活用し、道路管理者と鉄道事業者が、地域の実情に応じた対策を実施し、高齢者等の通行の安全対策を推進した。

このほか、高齢運転者対策については、高齢運転者による交通事故、子供が犠牲となる交通事故が相次いで発生したことを踏まえ、令和元年6月に関係閣僚会議で決定した「未就学児等及び高齢運転者の交通安全緊急対策」に盛り込まれた高齢者の安全運転を支える対策の更なる推進や高齢者の移動を伴う日常生活を支える施策の充実等について担当府省庁を中心に強力に推進、令和3年5月には関係府省庁局長級によるワーキングチームを開催し、各種取組の進捗状況について取りまとめた。

令和2年6月、第201回国会において、高齢運転者対策の充実・強化を図るための規定の整備等を内容とする「道路交通法の一部を改正する法律」（令和2年法律第42号）が成立し、75歳以上の者で一定の要件に該当する者に対し、運転免許証更新時に運転技能検査の受検を行うことや、申請による運転免許への条件の付与等が規定された。これを受け、令和3年度においては、前記の運転技能検査の対象となる一定の要件や、付与可能な条件等について定めた政令及び内閣府令等を整備した。

また、運転免許証の更新を予定している70歳以上の高齢運転者を対象とした高齢者講習については、通達を新たに発出し、講習室等における適切な座席間隔の確保と頻繁な換気並びに実車指導時における車内の消毒及び少人数指導等、新型コロナウイルス感染症予防対策を徹底するよう示達した。

さらに、安全運転相談については、これまで

も運転に不安を持つ運転者及びその家族等からの相談に対応してきたところであるが、近年は特に高齢運転者及びその家族等から積極的に相談を受け付け、安全運転の継続に必要な助言・指導や、自主返納制度及び自主返納者等に対する各種支援施策の教示を行う等、運転適性に関する相談対応以外の役割も求められるようになっており、全国統一の専用相談ダイヤル「#8080」を始めとする、安全運転相談の認知度及び利便性の向上を図った。

イ　犯罪、人権侵害、悪質商法等からの保護
（ア）犯罪からの保護

高齢者が犯罪や事故に遭わないよう、交番、駐在所の警察官を中心に、巡回連絡等を通じて高齢者宅を訪問し、高齢者が被害に遭いやすい犯罪の手口の周知及び被害防止対策についての啓発を行うとともに、必要に応じて関係機関や親族への連絡を行ったほか、認知症等によって行方不明になる高齢者を発見、保護するための仕組み作りを関係機関等と協力して推進した。

高齢者を中心に大きな被害が生じている特殊詐欺については、令和元年6月、犯罪対策閣僚会議において策定した「オレオレ詐欺等対策プラン」に基づき、全府省庁において、幅広い世代に対して高い発信力を有する著名な方々と連携し、公的機関、各種団体、民間事業者等の協力を得ながら、家族の絆の重要性等を訴える広報啓発活動を多種多様な媒体を活用して展開する等被害防止対策を推進するとともに、電話転送サービスを介した固定電話番号の悪用への対策を始めとする犯行ツール対策、効果的な取締り等を推進した。

また、悪質商法の中には高齢者を狙った事件も発生したことから、悪質商法の取締りを推進するとともに、犯罪に利用された預貯金口座の

金融機関への情報提供等の被害拡大防止対策、悪質商法等からの被害防止に関する広報啓発活動及び悪質商法等に関する相談窓口の周知を行った。

さらに、特殊詐欺や利殖勧誘事犯の犯行グループは、被害者や被害者になり得る者等が登載された名簿を利用しており、当該名簿登載者の多くは高齢者であって、今後更なる被害に遭う可能性が高いと考えられるため、捜査の過程で警察が押収したこれらの名簿をデータ化し、都道府県警察が委託したコールセンターの職員がこれを基に電話による注意喚起を行う等の被害防止対策を実施した。

加えて、今後、認知症高齢者や一人暮らし高齢者が増加していく状況を踏まえ、市民を含めた後見人等の確保や市民後見人の活動を安定的に実施するための組織体制の構築・強化を図る必要があることから、令和2年度に引き続き、地域住民で成年後見に携わろうとする者に対する養成研修や後見人の適正な活動が行われるよう支援した。

（イ）人権侵害からの保護

「高齢者虐待の防止、高齢者の養護者に対する支援等に関する法律」（平成17年法律第124号）に基づき、前年度の養介護施設従事者等による虐待及び養護者による虐待の状況について、必要な調査等を実施し、各都道府県・市町村における虐待の実態・対応状況の把握に努めるとともに、市町村等に高齢者虐待に関する通報や届出があった場合には、関係機関と連携して速やかに高齢者の安全確認や虐待防止、保護を行う等、高齢者虐待への早期対応が推進されるよう必要な支援を行った。

なお、介護サービス事業所・施設等を対象とした虐待防止研修、支援を必要とする高齢者の

実態把握や虐待への対応等、高齢者の権利擁護や総合相談窓口の業務を円滑に行うことができるよう、各市町村、地域包括支援センター、関係機関等に対する研修等について、引き続き実施した。

法務局において、高齢者の人権問題に関する相談に応じるとともに、法務局に来庁することができない高齢者等についても、電話、インターネット等を通じて相談を受け付けている。人権相談等を通じて、家庭や高齢者施設等における虐待等、高齢者を被害者とする人権侵害の疑いのある事案を認知した場合には、人権侵犯事件として調査を行い、その結果を踏まえ、事案に応じた適切な措置を講じる等して、被害の救済及び人権尊重思想の普及高揚に努めている。

（ウ）悪質商法からの保護

消費者庁では、認知症高齢者等の「配慮を要する消費者」を見守るため、地方公共団体において消費生活センター等のほか、福祉関係者や消費者団体等の多様な関係者が連携して消費者被害の未然防止・拡大防止に取り組む消費者安全確保地域協議会の設置を促進した。地方消費者行政強化交付金等を通じた地方公共団体への支援とともに、消費者庁新未来創造戦略本部において徳島県を実証フィールドとし、全国展開を見据えた先駆的な取組の試行を行うなど、消費者安全確保地域協議会の更なる設置や活動に向けた取組を行った。令和3年10月1日、厚生労働省と消費者庁の連名で、地方公共団体への通知「重層的支援体制整備事業と消費者安全確保地域協議会制度との連携について」を送付し、地域における福祉部局および消費者部局の更なる連携の重要性を示した。

また、消費者がトラブルに見舞われたとしても、相談窓口の存在に気付かないことや、相談

窓口があることは知っていたとしても、その連絡先が分からないことがあるため、消費者庁では、全国どこからでも身近な消費生活相談窓口につながる共通の電話番号である「消費者ホットライン188」の事業を平成22年1月から実施している。また、イメージキャラクター「イヤヤン」も活用しながら、消費者庁ウェブサイトへの掲載、SNSや公共交通機関を活用した広告配信、啓発チラシ・ポスターの作成・配布等、様々な広報活動を通じて同ホットラインの周知に取り組んでいる。

独立行政法人国民生活センターでは、全国の消費生活センター等が行う高齢者の消費者被害防止に向けた取組を支援すること等を目的に、高齢者への注意喚起として報道発表資料「2020年度にみる60歳以上の消費者トラブル－コロナ禍で、通信販売の相談件数は過去最高に－」を令和3年9月に公表した。加えて、消費者側の視点から注意点を簡潔にまとめたメールマガジン「見守り新鮮情報」を月2回程度、行政機関のほか、高齢者や高齢者を支援する民生委員や福祉関係者等に向けて配信した。

「令和3年版消費者白書」において、高齢者の消費生活相談の状況や、高齢者が巻き込まれる主なトラブルの例を取り上げ、広く国民や関係団体等に情報提供を行った。

「消費者契約法」（平成12年法律第61号）の平成30年改正における附帯決議を踏まえて、「消費者契約に関する検討会」を開催し、令和3年9月に報告書が取りまとめられた。同報告書では、情報提供の努力義務における考慮要素として「年齢」を追加すること等が提案されている。同報告書の内容を受け止めつつ、意見募集の結果や消費者団体及び事業者団体との意見交換も踏まえて法制的な検討を行い、令和4年3月に「消費者契約法及び消費者の財産的被

害の集団的な回復のための民事の裁判手続の特例に関する法律の一部を改正する法律案」を第208回通常国会に提出した。なお、本法案においては、情報提供の努力義務における考慮要素として「年齢」及び「心身の状態」が追加されている。

（エ）司法ソーシャルワークの実施

日本司法支援センター（以下「法テラス」という。）では、法的問題を抱えていることに気付いていなかったり、意思の疎通が困難である等の理由で自ら法的支援を求めることが難しい高齢者・障害者等に対して、地方公共団体、福祉機関・団体や弁護士会、司法書士会等と連携を図りつつ、当該高齢者・障害者等に積極的に働きかける（アウトリーチ）等して、法的問題を含めた諸問題を総合的に解決することを目指す「司法ソーシャルワーク」を推進している。

そこで、弁護士会・司法書士会と協議をして出張法律相談等のアウトリーチ活動を担う弁護士・司法書士を確保する等、「司法ソーシャルワーク」の実施に必要な体制の整備を進めるとともに、地域包括支援センターや福祉事務所等の福祉機関職員を対象に業務説明会や意見交換会を実施する等して、福祉機関との連携強化を図った。

ウ　防災施策の推進

病院、老人ホーム等の要配慮者利用施設を保全するため、土砂災害防止施設の整備を推進し、激甚な水害・土砂災害を受けた場合の再度災害防止対策を引き続き実施した。

水害や土砂災害に対して、高齢者等要配慮者の円滑かつ迅速な避難を確保するため、「水防法」（昭和24年法律第193号）及び「土砂災害警戒区域等における土砂災害防止対策の推進に

関する法律」（平成12年法律第57号、以下「土砂災害防止法」という。）において、浸水想定区域内及び土砂災害警戒区域内に位置し、市町村地域防災計画に名称及び所在地を定められた要配慮者利用施設の所有者又は管理者に対し避難確保計画の作成及び計画に基づく訓練の実施を義務付けており、避難確保計画が早期に作成されるよう促進を図った。

また、令和3年5月に「水防法」及び土砂災害防止法が改正され、要配慮者利用施設の施設管理者等に対して、避難確保計画の作成及び訓練の実施に加え訓練結果を市町村に報告することを義務付け、さらに報告を受けた市町村から要配慮者利用施設の所有者又は管理者に対して助言・勧告を行うことができる制度が創設された。

これを受けて同年7月に全国の市町村職員等に対して、市町村が施設の管理者等に適切に助言・勧告を行うことができるよう研修を実施した。また、「避難確保計画の作成・活用の手引き」を改定し、研修資料とともに要配慮者利用施設の所有者又は管理者に周知した。

さらに、土砂災害特別警戒区域における要配慮者利用施設の開発の許可制等を通じて高齢者等の安全が確保されるよう、土砂災害防止法に基づき基礎調査や区域指定の促進を図った。

住宅火災で亡くなる高齢者等の低減を図るため、春・秋の全国火災予防運動において、高齢者等の要配慮者の把握や安全対策等に重点を置いた死者発生防止対策を推進項目とするとともに、住宅用火災警報器や防炎品、住宅用消火器の普及促進等総合的な住宅防火対策を推進した。また、「敬老の日に『火の用心』の贈り物」をキャッチフレーズとする「住宅防火・防災キャンペーン」を実施し、高齢者等に対して住宅用火災警報器等の普及促進を図った。

災害情報を迅速かつ確実に伝達するため、全国瞬時警報システム（Jアラート）との連携を含め、防災行政無線による放送（音声）や緊急速報メールによる文字情報等の種々の方法を組み合わせて、災害情報伝達手段の多重化を推進した。

山地災害からの生命の安全を確保するため、要配慮者利用施設に隣接している山地災害危険地区等について、治山施設の設置や荒廃した森林の整備等を計画的に実施した。

令和3年5月に「災害対策基本法」（昭和36年法律第223号）が改正され、自ら避難することが困難な高齢者や障害者等の避難行動要支援者ごとの避難支援等を実施するための計画である個別避難計画の作成が市町村の努力義務とされるとともに、この個別避難計画を消防機関や民生委員等の地域の支援者等に情報共有するための規定が設けられた。

これを受けて同月に「避難行動要支援者の避難行動支援に関する取組指針」を改定した。

令和3年度において、各市町村における避難行動要支援者名簿や個別避難計画の作成状況等を把握するための調査を行った。

災害時の避難行動への支援については、「災害対策基本法」、「避難行動要支援者の避難行動支援に関する取組指針」を踏まえ、市町村の取組が促進されるよう、適切に助言を行った。

エ　東日本大震災への対応

東日本大震災に対応して、復興の加速化を図るため、被災した高齢者施設等の復旧に係る施設整備について、関係地方公共団体との調整を行った。

また、地域医療介護総合確保基金等を活用し、日常生活圏域で医療・介護等のサービスを一体的・継続的に提供する「地域包括ケア」の体制

を整備するため、都道府県計画等に基づき、地域密着型サービス等、地域の実情に応じた介護サービス提供体制の整備を促進するための支援を行った。

あわせて、介護保険制度において、被災者を経済的に支援する観点から、東京電力福島第一原子力発電所事故に伴う帰宅困難区域等（帰還困難区域、居住制限区域、避難指示解除準備区域の3つの区域をいう。）、上位所得層を除く旧避難指示区域等（平成25年度以前に指定が解除された旧緊急時避難準備区域等（特定避難勧奨地点を含む。）、平成26年度に指定が解除された旧避難指示解除準備区域等（田村市の一部、川内村の一部及び南相馬市の特定避難勧奨地点）、平成27年度に指定が解除された旧避難指示解除準備区域（楢葉町の一部）、平成28年度に解除された旧居住制限区域等（葛尾村の一部、川内村の一部、南相馬市の一部、飯舘村の一部、川俣町の一部及び浪江町の一部）、平成29年度に指定が解除された旧居住制限区域等（富岡町の一部）及び令和元年度に指定が解除された旧帰還困難区域等（大熊町の一部、双葉町の一部及び富岡町の一部））の住民について、介護保険の利用者負担や保険料の減免を行った保険者に対する財政支援を1年間継続した。

また、避難指示区域等の解除に伴い、福祉・介護サービスの提供体制を整えるため、介護施設等への就労希望者に対する就職準備金の貸付け、相双地域から福島県内外の養成施設に入学する者への支援、全国の介護施設等からの応援職員の確保に対する支援や、介護施設等の運営に対する支援等を行った。

法テラスでは、震災により、経済的・精神的に不安定な状況に陥っている被災者を支援するため、「法テラス災害ダイヤル」（フリーダイヤル）や被災地出張所（令和3年度以降も存置と

なった岩手県・福島県の各1か所）における業務の適切な運用を行う等、生活再建に役立つ法制度等の情報提供及び民事法律扶助を実施した。

また、出張所に来所することが困難な被災者のために、車内で相談対応可能な自動車を利用した巡回相談等も実施した。

（4）成年後見制度の利用促進

認知症高齢者等の財産管理や契約に関し本人を支援する成年後見制度について周知を図った（表2−2−8）。

成年後見制度は、認知症、知的障害その他の精神上の障害があることにより、財産の管理又は日常生活等に支障がある者を支える重要な手段であり、その利用の促進に関する施策を総合的かつ計画的に推進するため、平成28年4月に「成年後見制度の利用の促進に関する法律」（平成28年法律第29号）が成立し、本法律に基づき、「成年後見制度利用促進委員会」における議論を踏まえ、平成29年3月に「成年後見制度利用促進基本計画」を閣議決定した。基本計画には、利用者がメリットを実感できる制度、運用の改善、権利擁護支援の地域連携ネットワークづくり、不正防止の徹底と利用しやすさとの調和等の観点からの施策目標を盛り込んでおり、その総合的かつ計画的な推進に取り組んだ。

また、基本計画は平成29年度から令和3年度までの5か年を計画期間としていたことから、令和4年度以降の基本計画（第二期計画）について、令和3年3月から「成年後見制度利用促進専門家会議」で議論を開始し、同年12月に同会議で第二期計画に盛り込むべき事項が取りまとめられた。そして、同会議の取りまとめに基づき、令和4年3月に第二期計画を閣議決定した。

○　**制度の趣旨**

　本人の意思や自己決定の尊重、ノーマライゼーション等の理念と本人の保護の理念との調和を図りつつ、認知症等の精神上の障害により判断能力が不十分な方々の権利を擁護する。

○　**概要**

　法定後見制度と任意後見制度の２つがある。法定後見制度については、各人の多様な判断能力の程度に応じた制度とするため、補助・保佐・後見の三類型に分かれている。

（1）法定後見制度（民法）

３類型	補助	保佐	後見
対象者	判断能力が不十分な方	判断能力が著しく不十分な方	判断能力が欠けているのが通常の状態の方

（2）任意後見制度（任意後見契約に関する法律）

　本人が十分な判断能力を有する時に、あらかじめ、任意後見人となる方や将来その方に委任する事務の内容を公正証書による契約で定めておき、本人の判断能力が不十分になった後に、任意後見人が委任された事務を本人に代わって行う。

（3）成年後見登記制度（後見登記等に関する法律）

　本人のプライバシー保護と取引の安全との調和を図る観点から、戸籍への記載に代わる公示方法として成年後見登記制度を設けている。

資料：法務省

5　研究開発・国際社会への貢献等

「研究開発・国際社会への貢献等」については、大綱において、次の方針を示している。

　先進技術を生活の質の向上に活用することは、高齢者の豊かな生活につながるとともに、新たな技術に対する需要・消費を生み出し、技術活用の好循環を生み出す。高齢社会と技術革新がお互いに好影響を与える関係づくりを推進する。

　科学技術の研究開発は、高齢化に伴う課題の解決に大きく寄与するものであることから、高齢者に特有の疾病及び健康増進に関する調査研究、高齢者の利用に配慮した福祉用具、生活用品、情報通信機器等の研究開発等を推進するとともに、そのために必要な基盤の整備を図る。また、高齢社会の現状やニーズを適切に把握して施策の検討に反映できるよう、ビッグデータ分析など、データ等の活用についても環境整備を図る。

　世界でも急速な高齢化に直面している国が増加していることから、我が国の高齢社会対策の知見や研究開発成果を国際社会に発信し、各国がより良い高齢社会を作ることに政府のみならず、学術面や産業面からも貢献できるよう環境整備を行う。あわせて、高齢社会の課題を諸外国と共有し、連携して取組を進める。

（1）先進技術の活用及び高齢者向け市場の活性化

　公的保険外の予防・健康管理サービス等の振興及び社会実装に向け、需要・供給の両面から検討し、取組を進めた。具体的には、地域版次世代ヘルスケア産業協議会の活動の促進、官民ファンドの活用促進、及びグレーゾーンの解消等の供給面の支援、並びに企業・健康保険組合等による健康経営の促進等の需要面の支援を行った。また、ヘルスケア分野のベンチャー企業等のためのワンストップ相談窓口である「Healthcare Innovation Hub」を通じて、イノベーション創出に向けた事業化支援やネット

ワーキング支援等を行った。このような取組に加えて、健康立国に向けて、高齢者等の健康状態や生活環境等に起因・関連する課題の解決のために、「第5期科学技術基本計画」（平成28年1月閣議決定）で提唱した Society 5.0 の構築を目指した、最先端科学技術の活用、実装に取り組んだ。

高齢者事故対策や移動支援等の諸課題の解決に大きな期待がされている自動車の自動運転に関しては、高齢者事故対策を目的とした安全運転支援機能の普及啓発及び導入促進を実施したほか、道の駅「奥永源寺渓流の里」（滋賀県）、「赤来高原」（島根県）、みやま市山川支所（福岡県）において新たに自動運転サービスを導入した。

また、介護ロボットについては、開発・普及の加速化を図るため、①ニーズ側・シーズ側の一元的な相談窓口の設置、②開発実証のアドバイス等を行うリビングラボのネットワークの構築、③介護現場における大規模実証フィールドの整備により、介護ロボットの開発・実証・普及のプラットフォームを構築した。

（2）研究開発等の推進と基盤整備
ア　高齢者に特有の疾病及び健康増進に関する調査研究等

高齢者の健康保持等に向けた取組を一層推進するため、ロコモティブ・シンドローム（運動器症候群）、要介護状態になる要因である認知症等に着目し、それらの予防、早期診断及び治療技術等の確立に向けた研究を行っている。

高齢期の主要な死因であるがんの対策については、「がん対策基本法」（平成18年法律第98号）に基づく「がん対策推進基本計画」（平成30年3月閣議決定）により推進してきた。平成30年3月に策定された第3期がん対策推進基本計画は、「がん予防」、「がん医療の充実」、「がんと

の共生」の3つを柱とし、がんゲノム医療の実現や希少がん、難治性がん対策の充実、がん患者の就労支援の推進等、各分野の対策を進めるとともに、これらを支える基盤として、「がん研究」、「人材育成」及び「がん教育・がんに関する知識の普及啓発」を位置付け、総合的ながん対策を進めている。がん研究については、「がん対策推進基本計画」に基づき策定された「がん研究10か年戦略」（平成26年3月策定）を踏まえ、「がん対策推進基本計画」に明記されている政策課題の解決に向けた政策提言に資することを目的とした調査研究等に加えて、革新的な診断法や治療法を創出するため、低侵襲性診断技術や早期診断技術の開発、新たな免疫療法に係る研究等について、戦略的に研究開発を推進している。また、小児がんや高齢者のがん、難治性がん、希少がん等、ライフステージや個々の特性に着目したがん研究を強力に推進することによりライフステージ別のニーズに応じたがん医療の提供を目指し、研究を進めている。

「今後のがん研究のあり方に関する有識者会議」において、これまでのがん研究の評価や今後のあるべき方向性等を議論し、平成31年4月に「「がん研究10か年戦略」の推進に関する報告書（中間評価）」を取りまとめた。今後、中間評価を踏まえ、科学技術の進展や臨床ニーズに見合った研究を推進していく。

イ　医療・リハビリ・介護関連機器等に関する研究開発

高齢者等の自立や社会参加の促進及び介護者の負担の軽減を図るためには、高齢者等の特性を踏まえた福祉用具や医療機器等の研究開発を行う必要がある。

そのため、福祉用具及び医療機器については、福祉や医療に対するニーズの高い研究開発を効

率的に実施するためのプロジェクトの推進、福祉用具・医療機器の民間やアカデミアによる開発の支援等を行っている。

また、「福祉用具の研究開発及び普及の促進に関する法律」(平成5年法律第38号)に基づき、福祉用具の実用化開発を行う事業者に対する助成や、研究開発及び普及のために必要な情報の収集・分析及び提供を実施した。

ロボット技術や診断技術等を活用して、低侵襲の治療装置や早期に疾患を発見する診断装置等、日本発の、国際競争力の高い革新的医療機器・システムの開発・実用化を図った。また、関係各省や関連機関、企業、地域支援機関が連携し、開発初期段階から事業化に至るまで、切れ目なく支援する「医療機器開発支援ネットワーク」を通じて、異業種参入も念頭に、ものづくり中小企業と医療機関等との医工連携により、医療現場が抱える課題を解決する医療機器の開発・実用化を支援した。こうした事業を国立研究開発法人日本医療研究開発機構を通じて実施した。

ウ　情報通信の活用等に関する研究開発

高齢者等が情報通信の利便を享受できる情報バリアフリー環境の整備を図るため、高齢者等向けの通信・放送サービスに関する技術の研究開発を行う者に対する助成を行った。

エ　医療・介護・健康分野におけるICT利活用の推進

認知症の行動・心理症状（BPSD：Behavioral and Psychological Symptoms of Dementia）の発症について、IoT機器を活用し、AIで事前に予測し介護者に通知するシステムの開発といった医療等分野における先導的なICT利活用の研究開発を実施した。

オ　高齢社会対策の総合的な推進のための調査分析

高齢社会対策総合調査として、高齢社会対策の施策分野別にテーマを設定し、高齢者の意識やその変化を把握している。令和3年度は、高齢者の日常生活・地域社会への参加について調査を実施した。

また、国立研究開発法人科学技術振興機構が実施する戦略的創造研究推進事業（社会技術研究開発）において、技術シーズも活用しつつ、少子高齢化を始めとする人口・社会構造の変化を踏まえた高齢者の健康で安全・安心な生活の実現のための地域連携モデルを開発する等、研究者と関与者との協働による社会実験を含む研究開発を推進した。

カ　データ等活用のための環境整備

急速な人口構造の変化等に伴う諸課題に対応するため、令和2年7月に閣議決定した「世界最先端デジタル国家創造宣言・官民データ活用推進基本計画」等に基づき、官民データの利活用を推進した。

「統計等データの提供等の判断のためのガイドライン」(平成30年4月EBPM推進委員会決定)に基づき、各府省庁による統計等データの提供等が円滑に行われるようEBPM推進委員会において必要な調整を行うとともに、統計等データの提供等に関するユーザーからの要望・提案募集及び受領した要望・提案への対応を引き続き実施する等、ユーザー視点に立った統計システムの再構築と利活用の促進を図った。

(3) 諸外国との知見や課題の共有
ア　日本の知見の国際社会への展開

「アジア健康構想に向けた基本方針」(平成28年7月健康・医療戦略推進本部決定、平成30

年7月改定）により、アジアの高齢化社会に必要な介護産業の振興、人材の育成等、アジア諸国の互恵的な協力による医療・介護を中心とした疾病の予防、健康な食事等のヘルスケアサービス、健康な生活のための街づくり等、アジアにおける裾野の広い「富士山型のヘルスケア」の実現に向け取り組んだ。令和4年3月には、国際・アジア健康構想協議会シンポジウムを開催し、アジア展開を進める介護事業者の進捗・課題等の経験・知見や、政府での介護事業者の海外進出における支援事例を共有することで、介護事業者等の連携の推進に取り組んだ。

さらに、今後、人口が増加するとともに、アジアとの関係がより強化されることが期待されるアフリカに関し、「アフリカ健康構想に向けた基本方針」（令和元年6月健康・医療戦略推進本部決定）により、裾野の広い「富士山型のヘルスケア」の実現を理念として掲げ、アフリカ固有の課題を念頭に置いた持続可能なヘルスケアの構築を目指してきた。

また、我が国は、G7、G20、TICAD、WHO総会、WHO西太平洋地域委員会、国連総会等の国際的な議論の場において、全ての人が生涯を通じて必要な時に基礎的な保健サービスを負担可能な費用で受けられることを指すユニバーサル・ヘルス・カバレッジ（UHC）の推進を積極的に主張してきた。UHCにおける基礎的な保健サービスには、母子保健、感染症対策、高齢者の地域包括ケアや介護等全てのサービスが含まれている。これまで開発途上国において高齢化対策や社会保障制度整備の支援、専門家の派遣、研修等の取組を通じ、日本の高齢化対策等に関する経験・知見の共有を図ってきた。

イ 国際社会での課題の共有及び連携強化

令和3年8月にはタイ王国保健省他関係府省

庁と、同年12月にはケニア保健省との間でヘルスケア分野における協力覚書を交換し、我が国のアジア健康構想・アフリカ健康構想を通じ、各国との当該覚書に基づくヘルスケア分野における協力の深化を図り、民間事業の振興を図ることを確認した。

令和3年9月に開催された「健康な高齢化の10年にかかるプラットフォーム発足イベント」には、国連・WHO・市民団体・民間セクター・学術団体から有識者が参加したが、我が国はWHO加盟国を代表して、地域包括ケアシステム、認知症サポーターキャラバンなどの我が国の施策や、国際協力機構（JICA）の技術協力プロジェクトよるタイ国の地域包括ケアサービス開発への貢献について紹介し、令和2年10月にWHO西太平洋地域委員会において採択された「西太平洋地域における健康な高齢化に係る地域行動計画」の達成に向け積極的に協力する我が国の方針を表明した。また、同月に開催されたWHO「認知症の公衆衛生対応に関する世界現状報告」公表にかかるイベントにおいて、認知症の人のよりよい暮らしを目指した我が国の認知症施策を紹介した。

国連人口基金（UNFPA）アジア太平洋地域事務所は、令和3年9月の国際高齢者デーにあわせ「アジア太平洋地域における人口高齢化に向けたライフサイクルアプローチ」キャンペーンを立ち上げた。外務省が後援した本事業は、急速に人口高齢化が進む同地域全体において高齢化の女性化、出生力の低下、世代間要因に焦点を当てたアドボカシーキャンペーンを展開し、各国において高齢化に対応するための広報啓発ビデオの紹介、SNSを通じての情報発信などを行った。

また、令和3年11月に「人口動態変化への対処戦略」をテーマとする日独少子高齢化シンポ

ジウムを開催したほか、同年12月には「介護の担い手の確保」などをテーマとする日中韓少子高齢化セミナーを開催した。

6 全ての世代の活躍推進

「全ての世代の活躍推進」については、大綱において、次の方針を示している。

> 高齢社会に暮らす全ての世代の人々が安心して幸せに暮らせるよう、人々が若年期から計画的に高齢期に向けた備えを進めるとともに、各世代が特有の強みをいかしながら多世代のつながりを醸成し、全ての世代の人々が高齢社会での役割を担いながら、積極的に参画する社会を構築するための施策を推進する。

少子高齢化の流れに歯止めをかけ、女性も男性も、若者もお年寄りも、障害や難病のある方も、さらには一度失敗した方も、家庭で、職場で、地域で、あらゆる場で、誰もが活躍できる一億総活躍社会の実現に向けて、「ニッポン一億総活躍プラン」に基づく取組を推進した。特に、働き方については、一人一人の意思や能力、個々の事情に応じた多様で柔軟な働き方を選択できるよう、「働き方改革実行計画」を推進した。

また、人生100年時代に、高齢者から若者まで、全ての国民に活躍の場があり、全ての人が元気に活躍し続けられる社会、安心して暮らすことのできる社会をつくるため、「人づくり革命 基本構想」（平成30年6月人生100年時代構想会議）及び「経済財政運営と改革の基本方針2018」（平成30年6月閣議決定）に基づいて、教育の無償化等「人づくり革命の実現と拡大」に取り組んだ。

さらに、「少子化社会対策大綱」（令和2年5月閣議決定）、「第5次男女共同参画基本計画」（令和2年12月閣議決定）に基づく取組を推進した。

少子化対策については、「少子化社会対策基本法」（平成15年法律第133号）第7条に基づく「少子化社会対策大綱」等に基づき、結婚支援、妊娠・出産への支援、男女ともに仕事と子育てを両立できる環境の整備、地域・社会による子育て支援、経済的な支援等、ライフステージに応じた総合的な少子化対策を推進した。

女性も男性も全ての個人が、その個性と能力を十分に発揮できる男女共同参画社会の実現は、少子高齢化が進み、人口減少社会に突入した我が国社会にとって、社会の多様性と活力を高め、我が国経済が力強く発展していく観点から極めて重要である。

「男女共同参画社会基本法」（平成11年法律第78号）第13条に基づく「第5次男女共同参画基本計画」に基づき、あらゆる分野における女性の参画拡大、安全・安心な暮らしの実現、男女共同参画社会の実現に向けた基盤の整備等に取り組むとともに、同計画に定めた具体策や成果目標の実現に向けて、重点的に取り組むべき事項について取りまとめた「女性活躍・男女共同参画の重点方針2021」（令和3年6月すべての女性が輝く社会づくり本部・男女共同参画推進本部決定）に基づき、取組を強力に進めた。

また、令和4年4月1日に全面施行される、改正後の「女性の職業生活における活躍の推進に関する法律」（平成27年法律第64号、以下「女性活躍推進法」という。）において、自社の女性活躍の状況把握、課題分析、行動計画策定等の義務対象が常時雇用労働者数101人以上企業にも拡大されることを踏まえ、中小企業の取組を支援することを目的とした「中小企業のた

めの女性活躍推進事業」を実施するとともに、実際に行動計画に定めた数値目標等を達成した事業主に対する「両立支援等助成金（女性活躍加速化コース）」の支給や、女性の活躍推進に関する状況が優良な企業に対する「えるぼし」認定、「プラチナえるぼし」認定取得の勧奨等により、女性活躍推進法に基づく取組を促進した。また、企業の女性の活躍状況に関する情報や行動計画を公表できる場として提供している「女性の活躍推進企業データベース」について、企業の登録を促すため、機関投資家のインタビューの掲載や証券コードの項目追加の改修等を行った。

さらに、女性活躍推進法に基づき、地方公共団体が策定する地域の女性の職業生活における活躍についての推進計画による取組や、様々な課題・困難を抱える女性に寄り添いながら就労等につなげる取組、NPO等の知見を活用した困難や不安を抱える女性への相談支援やその一環として行う生理用品の提供等について、地域女性活躍推進交付金等により支援を行った。

「食料・農業・農村基本計画」（令和2年3月閣議決定）等を踏まえ、農山漁村に関する方針決定の検討の場への女性の参画の促進、地域農業のリーダーとなり得る女性農業者の育成、地域で託児と農作業を一体的にサポートする体制づくりへの支援等により、農山漁村における女性の活躍を推進する施策を実施した。

令和4年度

高齢社会対策

令和4年度

高齢社会対策

■ 第3章　令和4年度高齢社会対策

第1節　令和4年度の高齢社会対策の基本的な取組

1　高齢社会対策関係予算

　高齢社会対策を、就業・所得分野、健康・福祉分野、学習・社会参加分野、生活環境等分野、研究開発・国際社会の貢献等分野、全ての世代の活躍推進分野にわたり着実に実施する。

　一般会計予算における令和4年度の高齢社会対策の関係予算は、22兆9,744億円であり、各分野別では、就業・所得分野13兆2,243億円、健康・福祉分野9兆7,053億円、学習・社会参加分野199億円、生活環境分野33億円、研究開発・国際社会への貢献等分野66億円、全ての世代の活躍推進分野150億円となっている。

2　一億総活躍社会の実現に向けて

　我が国の構造的な問題である少子高齢化に真正面から挑み、「希望を生み出す強い経済」、「夢をつむぐ子育て支援」、「安心につながる社会保障」の「新・三本の矢」の取組を通じて「一億総活躍社会」の実現を目指す。

　そのため、平成28年6月に閣議決定された「ニッポン一億総活躍プラン」のロードマップの進捗状況を把握しつつ、着実に取組を進めていく。

3　働き方改革の実現に向けて

　平成29年3月に策定された「働き方改革実行計画」では「高齢者の就業促進」がテーマの一つとされ、65歳以降の継続雇用延長や65歳までの定年延長を行う企業への支援を充実し、将来的に継続雇用年齢等の引上げを進めていくための環境整備や、多様な技術・経験を有するシニア層が、一つの企業にとどまらず、幅広く社会に貢献できる仕組みを構築するための施策等が盛り込まれている。引き続きこれらの施策について、10年先を見据えたロードマップに沿って着実に取組を進めていくとともに、令和3年4月から施行された70歳までの就業確保を事業主の努力義務とする改正高年齢者雇用安定法を踏まえ、円滑な実施に向けた取組を推進していく。

4　全世代型社会保障制度の実現に向けて

　「全世代型社会保障改革の方針」に従って取組を進めるとともに、全世代対応型の持続可能な社会保障制度の構築に向けて、全世代型社会保障構築本部及び全世代型社会保障構築会議において、検討を進めていく。

5　ユニバーサル社会の実現に向けて

　「ユニバーサル社会の実現に向けた諸施策の総合的かつ一体的な推進に関する法律」に基づき、令和3年度に政府が講じたユニバーサル社会の実現に向けた諸施策の実施状況を取りまとめ、公表する。

■ 第2節　分野別の高齢社会対策

1 就業・所得

（1）エイジレスに働ける社会の実現に向けた環境整備

ア　多様な形態による就業機会・勤務形態の確保

（ア）多様な働き方を選択できる環境の整備

地域における高年齢者の多様な雇用・就業機会の創出を図るため、地方公共団体を中心とした協議会が行う高年齢者の就労支援の取組と地域福祉・地方創生等の取組を一体的に実施する仕組みの実証等を行う。

シルバー人材センター事業について、人手不足の悩みを抱える企業を一層強力に支えるため、シルバー人材センターによるサービス業等の人手不足分野や現役世代を支える分野での就業機会の開拓・マッチング等を推進するとともに、特に、介護分野の人材確保支援及び高年齢者の一層の活躍を促進し高年齢者の生きがいの充実、社会参加への促進等を図る。

また、高齢者を含め多様な人材の能力を最大限発揮させることにより、イノベーションの創出等の成果につなげるダイバーシティ経営を全国に普及させる取組を行う。

また、雇用形態にかかわらない公正な待遇の確保に向けて、引き続き「短時間労働者及び有期雇用労働者の雇用管理の改善等に関する法律」に基づく是正指導等により同法の着実な履行確保を図るとともに、パートタイム・有期雇用労働者の均等・均衡待遇の確保に向けた各企業の取組を支援するために、希望する企業に対し、職務分析・職務評価の意義や手法について丁寧に説明し、適切な助言を行うことができる体制を整備する。

加えて、企業における非正規雇用労働者の待遇改善等を支援するため、平成30年度より47都道府県に設置している「働き方改革推進支援センター」において、労務管理の専門家による個別相談支援やセミナー等を引き続き実施する。

さらに、職務、勤務地、労働時間を限定した「多様な正社員」制度の普及・拡大を図るため、オンラインセミナーを開催するとともに、企業に対し、「多様な正社員」制度導入支援員による導入支援を実施する。また、「多様な正社員」の一類型である「短時間正社員制度」についても、引き続き、制度導入・運用支援マニュアルや多様な働き方の実現応援サイトにより、制度の概要や企業の取組事例について周知を行っていく。

加えて、副業・兼業については、令和2年9月に改定したガイドライン等について、分かりやすい解説パンフレット、Q&Aの活用のほか、事業主や労働者を対象としたセミナー等の開催を通じた周知を行い、企業も労働者も安心して副業・兼業を行うことができる環境整備に努める。

（イ）情報通信を活用した遠隔型勤務形態の普及

テレワークが高齢者等の遠隔型勤務形態に資するものであることから、テレワークの一層の普及拡大に向けた環境整備、普及啓発等を関係府省庁が連携して推進する。

ウィズコロナ・ポストコロナの「新たな日常」、「新しい生活様式」に対応した働き方として、適正な労務管理下における良質なテレワークの導入・実施を進めていくことができるよう、

令和3年3月に改定した「テレワークの適切な導入及び実施の推進のためのガイドライン」や、情報セキュリティに関するガイドラインの周知を図るとともに、企業等に対する労務管理や情報通信技術に関する専門家による相談対応やコンサルティングの実施、事業主を対象としたセミナー等の開催、中小企業を支援する団体と連携した全国的なテレワーク導入支援制度の構築、テレワークに先進的に取り組む企業等に対する表彰の実施、テレワーク導入経費の助成、「テレワーク月間」等の広報を実施する。

また、テレワークによる働き方の実態やテレワーク人口の定量的な把握を行う。

イ 高齢者等の再就職の支援・促進

「事業主都合の解雇」又は「継続雇用制度の対象となる高年齢者に係る基準に該当しなかったこと」により離職する高年齢離職予定者の希望に応じて、その職務の経歴、職業能力等の再就職に資する事項や再就職援助措置を記載した求職活動支援書を作成・交付することが事業主に義務付けられており、交付を希望する高年齢離職予定者に求職活動支援書を交付しない事業主に対しては、公共職業安定所が必要に応じて指導・助言を行う。求職活動支援書の作成に当たって、ジョブ・カードを活用することが可能となっていることから、その積極的な活用を促す。

公共職業安定所において、特に65歳以上の高年齢求職者を対象に、本人の状況に即した職業相談や職業紹介、求人開拓等の支援を行う生涯現役支援窓口を設置するとともに、当窓口において、高年齢求職者を対象とした職場見学、職場体験等を実施する。

また、常用雇用への移行を目的として、職業経験、技能、知識の不足等から安定的な就職が困難な求職者を公共職業安定所等の紹介により一定期間試行雇用した事業主に対する助成措置（トライアル雇用助成金）や、高年齢者等の就職困難者を公共職業安定所等の紹介により継続して雇用する労働者として雇い入れる事業主に対する助成措置（特定求職者雇用開発助成金）を実施する。

さらに、再就職が困難である高年齢者等の円滑な労働移動を実現するため、労働移動支援助成金により、離職を余儀なくされる高年齢者等の再就職を民間の職業紹介事業者に委託した事業主や、高年齢者等を早期に雇い入れた事業主、受け入れて訓練（OJTを含む。）を行った事業主に対して、助成措置を実施し、生産指標等により一定の成長性が認められる企業が、事業再編等を行う企業等から離職した者を雇い入れた場合の助成において、新型コロナウイルス感染症の影響により離職した45歳以上の者を離職前と異なる業種の事業主が雇い入れた場合の助成額の上乗せを引き続き行う。あわせて、中途採用者の能力評価、賃金、処遇の制度を整備した上で45歳以上の中高年齢者を初めて雇用した事業主に対して、60歳以上の高年齢者を初めて雇用した場合の助成額の上乗せも含めた助成措置を引き続き実施する。

また、高年齢退職予定者のキャリア情報等を登録し、その能力の活用を希望する事業者に対してこれを紹介する高年齢退職予定者キャリア人材バンク事業を（公財）産業雇用安定センターにおいて実施し、高年齢者の就業促進を図る。

ウ 高齢期の起業の支援

日本政策金融公庫において、高齢者等を対象に優遇金利を適用する融資制度により開業・創業の支援を行う。

日本政策金融公庫（国民生活事業・中小企業

事業）の融資制度（地域活性化・雇用促進資金）において、エイジフリーな勤労環境の整備を促進するため、高齢者（60歳以上）等の雇用等を行う事業者に対しては、当該制度の利用に必要な雇用創出効果の要件を緩和（2名以上の雇用創出から1名以上の雇用創出に緩和）する措置を継続する。

エ　知識、経験を活用した高齢期の雇用の確保

高年齢者雇用安定法は、事業主に対して、高年齢者雇用確保措置を講ずる義務及び高年齢者就業確保措置を講ずる努力義務を定めており、高年齢者雇用確保措置を講じていない事業主に対しては、公共職業安定所による指導等を実施するほか、高年齢者就業確保措置については、適切な措置の実施に向けた事業主への周知啓発を実施する。

また、令和3年4月から高年齢者就業確保措置が努力義務とされたことを踏まえ、独立行政法人高齢・障害・求職者雇用支援機構の高年齢者雇用アドバイザー及び65歳超雇用推進プランナーにより、高年齢者就業確保措置に関する技術的事項についての相談・援助を行う。

「労働施策の総合的な推進並びに労働者の雇用の安定及び職業生活の充実等に関する法律」第9条に基づき、労働者の一人一人により均等な働く機会が与えられるよう、引き続き、労働者の募集・採用における年齢制限禁止の義務化の徹底を図るべく、指導等を行う。

また、企業における高年齢者の雇用を推進するため、65歳以上の年齢までの定年延長や66歳以上の年齢までの継続雇用制度の導入又は他社による継続雇用制度の導入を行う事業主、高年齢者の雇用管理制度の見直し又は導入等や高年齢の有期雇用労働者の無期雇用への転換を行う事業主に対する支援を実施する。また、継続

雇用延長・定年引上げに係る具体的な制度改善提案を実施し、企業への働きかけを行う。

高年齢労働者が安心して安全に働ける職場づくりや労働災害の防止のため、エイジフレンドリーガイドラインの周知及び労働災害防止団体による個別事業場支援の利用勧奨を行う。また、高年齢労働者の安全・健康確保の取組を行う中小企業等に対し、エイジフレンドリー補助金による支援を行うことで、高年齢労働者の安全衛生対策を推進する。

公務部門における高齢者雇用において、国家公務員については、現行の「国家公務員法」に基づく再任用制度を活用し、65歳までの雇用確保に努めるとともに、特に雇用と年金の接続を図る観点から、「国家公務員の雇用と年金の接続について」に基づき、令和3年度の定年退職者等のうち希望者を対象として、公的年金の支給開始年齢まで原則再任用する等の措置を講じる。

地方公務員については、同閣議決定の趣旨を踏まえ、引き続き地方の実情に応じて必要な措置を講ずるよう各地方公共団体に対して必要な助言等を行う。

また、国家公務員の定年引上げについては、「国家公務員法等の一部を改正する法律」が令和5年4月に施行予定であり、定年の65歳までの段階的な引上げを見据えて、必要な準備を進める。

地方公務員の定年引上げについては、「地方公務員法の一部を改正する法律」が令和5年4月に施行予定であり、定年の65歳までの段階的な引上げを見据えて、各地方公共団体において円滑な実施ができるよう、必要な準備を進める。

オ　労働者の職業生活の全期間を通じた能力の開発

　DX の加速化やカーボンニュートラルの対応など、労働者を取り巻く環境が急速かつ広範に変化していくことが予想されるとともに、職業人生の長期化が同時に進行する中で、リスキリング・リカレント教育の重要性が高まっている。労働者がこうした変化に対応して、自らのスキルを向上させるためには、企業主導型の職業訓練の強化とともに、労働者がその意義を認識しつつ、自律的・主体的かつ継続的な学び・学び直しを行うことが必要であり、こうした取組に対する広く継続的な支援が重要となる。このため、職業訓練の実施や職業能力の「見える化」を推進するとともに、職業生涯を通じたキャリア形成に向けて、労働者のキャリアプラン再設計や企業内の取組を支援するキャリア形成サポートセンターを整備し、労働者等及び企業に対しキャリアコンサルティングを中心とした総合的な支援を引き続き実施する。

　また、在職中も含めた学びの促進のため、教育訓練休暇制度の普及促進を図るとともに、教育訓練給付制度の活用により、労働者個人の自発的な能力開発・キャリア形成を引き続き支援する。

　また、職業訓練に地域のニーズを適切に反映する等のための協議会の設置等の内容を盛り込んだ「雇用保険法等の一部を改正する法律」（令和4年法律第12号）が令和4年3月に成立したところであり、その円滑な施行に努める。

カ　ゆとりある職業生活の実現等

　仕事と生活の調和の実現のため、労働時間等設定改善指針の周知・啓発や、企業における働き方・休み方の改善に向けた検討を行う際に活用できる「働き方・休み方改善ポータルサイト」による情報発信等、長時間労働の抑制や年次有給休暇の取得促進に向けた労使の自主的な取組の支援を行う。

（2）誰もが安心できる公的年金制度の構築
ア　働き方の多様化や高齢期の長期化・就労拡大に対応した年金制度の構築

　今後、より多くの人がこれまでよりも長い期間にわたり多様な形で働くようになることが見込まれる。こうした社会・経済の変化を年金制度に反映し、長期化する高齢期の経済基盤の充実を図るため、国民年金法等の一部を改正する法律が令和2年5月に成立したところであり、その円滑な施行に向けた取組を引き続き進めていく。

　また、国民年金法等の一部を改正する法律の検討規定等には、被用者保険の更なる適用拡大や公的年金制度の所得再分配機能の強化等が盛り込まれており、次期制度改正に向け検討を進めていく。

イ　年金制度等の分かりやすい情報提供

　短時間労働者等への被用者保険の適用拡大の円滑な施行に向け、適用拡大の対象者や適用拡大による被保険者のメリット等を含め、より積極的な周知・広報に努める。また、引き続き、若い人たちが年金について考えるきっかけにするため「学生との年金対話集会」や、「令和の年金広報コンテスト」の開催や、令和3年度に開発した若い世代向けの年金学習教材について中・高校生向けに更なる改善を行う。さらに、公的年金等を通じて、個々人の現在の状況と将来の見通しを全体として「見える化」するための仕組みである公的年金シミュレーターについて、令和4年4月に運用開始する。

　また、「ねんきん定期便」については、老後の

生活設計を支援するため、国民年金法等の一部を改正する法律による年金の繰下げ受給の上限年齢の引上げを踏まえた年金額増額のイメージ等について、分かりやすい情報提供を推進する。

（3）資産形成等の支援
ア　資産形成等の促進のための環境整備

勤労者財産形成貯蓄制度の普及等を図ることにより、高齢期に備えた勤労者の自助努力による計画的な財産形成を促進する。

企業年金・個人年金制度に関して、国民年金法等の一部を改正する法律による確定拠出年金（DC）の加入可能年齢の引上げ、受給開始時期等の選択肢の拡大、脱退一時金の見直し及び企業型DC加入者の個人型DC（iDeCo）加入の要件緩和並びに「令和3年度税制改正の大綱」において決定されたDCに係る拠出限度額の算定方法の見直しの着実な施行に努める。退職金制度については、中小企業における退職金制度の導入を支援するため、中小企業退職金共済制度の普及促進のための施策を実施する。

NISA（少額投資非課税）制度に関して、「所得税法等の一部を改正する法律」において、つみたてNISA（非課税累積投資契約に係る少額投資非課税制度）については期限を5年間延長、一般NISA（少額投資非課税制度）についてはより多くの国民に積立・分散投資による安定的な資産形成を促す観点から制度を見直した上で、令和6年から5年間の制度として措置、ジュニアNISA（未成年者少額投資非課税制度）については延長せず、新規の口座開設を令和5年までとすることとされた。引き続き、つみたてNISAの普及に努めるとともに、新しいNISA制度の周知広報を行っていく。

イ　資産の有効活用のための環境整備

住宅金融支援機構において、高齢者が住み替え等のための住生活関連資金を確保するために、リバースモーゲージの普及を促進する。

低所得の高齢者世帯が安定した生活を送れるようにするため、各都道府県社会福祉協議会において、一定の居住用不動産を担保として、世帯の自立に向けた相談支援に併せて必要な資金の貸付けを行う不動産担保型生活資金の貸与制度を実施する。

2　健康・福祉

（1）健康づくりの総合的推進
ア　生涯にわたる健康づくりの推進

健康日本21（第二次）については、令和3年6月より最終評価の議論を開始したところ、今後は最終評価の結果も踏まえ、令和4年夏から健康日本21（第二次）に次ぐ、次期国民健康づくり運動プランの作成に向けて検討を開始する予定である。

平成25年4月に開始した健康日本21（第二次）に基づき、企業、団体、地方公共団体等と連携し、健康づくりについて取組の普及啓発を推進する「スマート・ライフ・プロジェクト」を引き続き実施していく。

さらに、健康な高齢期を送るためには、壮年期からの総合的な健康づくりが重要であるため、市町村が「健康増進法」に基づき実施している健康教育、健康診査、訪問指導等の健康増進事業について一層の推進を図る。

また、医療保険者による特定健康診査・特定保健指導の着実な実施や、データヘルス計画に沿った取組等、加入者の予防・健康づくりの取組を推進していくとともに、糖尿病を始めとする生活習慣病の重症化予防の先進的な事例の横

展開等、中長期的な各般の取組を引き続き進めていく。

いつまでも健康で活力に満ちた長寿社会の実現に向けて、地方公共団体におけるスポーツを通じた健康増進に関する施策を持続可能な取組とするため、域内の体制整備及び運動・スポーツに興味・関心を持ち、習慣化につながる取組を推進する。

「第4次食育推進基本計画」に基づき、生涯を通じた心身の健康を支える食育を推進し、健康寿命の延伸に向け、個々の高齢者の特性に応じて生活の質の向上が図られるような食育を推進していく。

高齢者の低栄養予防については、地域の共食の場等を活用した、適切な栄養管理に基づく健康支援型配食サービスを推進し、地域高齢者の低栄養・フレイル予防にも資する効果的・効率的な健康支援につなげるため、「地域高齢者等の健康支援を推進する配食事業の栄養管理に関するガイドライン」を踏まえた適切な配食の提供及び栄養管理を行う配食事業者に対して、管理栄養士等の専門職が継続的に参画できる体制を構築する事業を引き続き実施する。

また、フレイル対策にも資する「日本人の食事摂取基準（2020年版）」の活用に当たっては、フレイル予防の普及啓発ツールの啓発を引き続き進めていく。

高齢受刑者で日常生活に支障がある者の円滑な社会復帰を実現するため、引き続きリハビリテーション専門スタッフを配置する。

また、散歩や散策による健康づくりにも資する取組として、河川空間とまち空間が融合した良好な空間の形成を目指す「かわまちづくり」を推進する。

イ　介護予防の推進

要介護状態等になることを予防し、要介護状態等になった場合でもできるだけ地域において自立した日常生活を営むことができるよう市町村における地域の実情に応じた効果的・効率的な介護予防の取組を推進する。

平成27年度から開始された「介護予防・日常生活支援総合事業」は、多様な生活支援の充実、高齢者の社会参加と地域における支え合い体制づくり、介護予防の推進等を図るものであり、令和3年度から開始した第8期介護保険事業（支援）計画の実施に当たり、介護予防の取組を更に推進し、より効果的な介護予防の取組の展開に資する事業となるよう、研修会の開催等を行い、引き続き市町村の取組を支援していく。

また、新型コロナウイルス感染症流行に伴う高齢者の外出自粛等の長期化による健康への影響を軽減するため、通いの場を始めとする介護予防の取組の再開・推進に向けた更なる広報の強化を図る。

（2）持続可能な介護保険制度の運営

令和7年や令和22年を見据え、令和2年6月5日に成立した「地域共生社会の実現のための社会福祉法等の一部を改正する法律」（令和2年法律第52号、以下「改正社会福祉法」という。）には、地域の特性に応じた、認知症施策や介護サービス提供体制の整備等の推進や医療・介護のデータ基盤の整備の推進、介護人材の確保及び業務効率化の取組の強化が盛り込まれており、引き続き第8期介護保険事業計画においても地域共生社会の実現に向けた取組を進めていく。

（3）介護サービスの充実（介護離職ゼロの実現）

ア　必要な介護サービスの確保

　地域住民が可能な限り、住み慣れた地域で介護サービスを継続的・一体的に受けることのできる体制（地域包括ケアシステム）の実現を目指すため、地域密着型サービスの充実、サービス付き高齢者向け住宅等の高齢者の住まいや介護医療院の整備、特定施設入居者生活介護事業所（有料老人ホーム等）を適切に運用するための支援を進める。

　また、地域で暮らす高齢者個人に対する支援の充実と、それを支える社会基盤の整備とを同時に進めていく、地域包括ケアシステムの実現に向けた手法として、全国の地方公共団体に「地域ケア会議」の普及・定着を図るため、市町村に対し、「地域ケア会議」の開催に係る費用に対して、財政支援を行う。

　さらに、令和4年度には「地域づくり加速化事業」として、市町村の地域づくり促進のための支援パッケージを活用し、有識者による研修実施や、総合事業等に課題を抱える市町村等への伴走的支援を行う。

　あわせて、介護人材の確保のため、「介護助手」等の普及を通じた介護現場での多様な就労の促進等を地域医療介護総合確保基金に新たに位置付け、令和3年度に引き続き、当該基金の活用により、「参入促進」、「労働環境の改善」、「資質の向上」に向けた都道府県の取組を支援する。さらに、介護福祉士修学資金等貸付事業の更なる活用促進等に取り組む。加えて、介護職の魅力や社会的評価の向上を図り、介護分野への参入を促進するため、他業種で働いていた方等の介護・障害福祉分野における介護職への参入促進に係る支援を行い、更なる人材の確保等に向けた取組を推進する。介護職員の処遇改善につ

いては、これまでに実施してきた処遇改善に加えて、令和元年10月から、経験・技能のある職員に重点化を図りつつ介護職員の更なる処遇改善を実施しており、引き続き更なる処遇改善に向けた加算の取得促進を進めていく。また、賃上げ効果が継続される取組を行うことを前提として、介護職員について、収入を3％程度（月額9,000円）引き上げるための措置を令和4年2月から実施しており、さらに令和4年10月以降について臨時の報酬改定を行い、同様の措置を継続することとしている。

　また、介護労働者の雇用管理改善を促進する「介護雇用管理改善等計画」に基づき、介護福祉機器の導入等を通じて労働者の離職率の低下に取り組んだ事業主への助成措置や、介護労働者の雇用管理全般に関する雇用管理責任者への講習に加え、事業所の雇用管理改善に係る好事例把握やコンサルティング等を行う事業を引き続き実施する。人材の参入促進を図る観点からは、介護に関する専門的な技能を身につけられるようにするための公的職業訓練について、民間教育訓練実施機関等を活用した職業訓練枠の拡充のため、職場見学・職場体験を組み込むことを要件とした訓練委託費等の上乗せを引き続き実施するとともに、全国の主要なハローワークに医療・福祉分野等のマッチング支援を行う「人材確保対策コーナー」を設置し、きめ細かな職業相談・職業紹介、求人充足に向けた助言・指導等の取組の強化を図る。また、「人材確保対策コーナー」を設置していないハローワークにおいても、医療・福祉分野等の職業相談・職業紹介、求人情報の提供及び「人材確保対策コーナー」への利用勧奨等の支援を実施していく。さらに、令和3年度に引き続き、各都道府県に設置されている福祉人材センターにおいて、離職した介護福祉士等からの届出情報をもとに、

求職者になる前の段階からニーズに沿った求人情報の提供等の支援を推進するとともに、当該センターに配置された専門員が求人事業所と求職者間双方のニーズを的確に把握した上で、マッチングによる円滑な人材参入・定着促進、職業相談、職業紹介等を推進する。

また、介護の業務に従事する際に、在宅・施設を問わず必要となる基本的な知識・技術を修得する介護職員初任者研修を引き続き各都道府県において実施する。

令和3年度に引き続き、「11月11日」の「介護の日」に合わせ、都道府県・市町村、介護事業者、関係機関・団体等の協力を得つつ、国民への啓発のための取組を重点的に実施する。

さらに、地域包括ケアの推進等により住み慣れた地域で自分らしい暮らしを人生の最後まで続けることができるような体制整備を目指して、引き続き在宅医療・介護の連携推進等、制度、報酬及び予算面から包括的に取組を行う。

イ 介護サービスの質の向上

介護保険制度の運営の要である介護支援専門員（ケアマネジャー）の資質の向上を図るため、引き続き、実務研修及び現任者に対する研修を体系的に実施する。

また、高齢者の尊厳の保持を図る観点から、地方公共団体と連携し、地域住民への普及啓発や関係者への研修等を進める等、高齢者虐待の防止に向けた取組を推進していく。

平成24年4月より、一定の研修を受けた介護職員等は、一定の条件の下に喀痰吸引等の行為を実施できることとなった。令和4年度においては、引き続き各都道府県と連携の下、研修等の実施を推進し、サービスの確保、向上を図っていく。

引き続き、マイナポータルを活用し介護保険手続の検索やオンライン申請の可能な「介護ワンストップサービス」（平成31年1月より開始）を推進するため、標準様式の周知等により、地方公共団体での導入促進を図っていく。

ウ 地域における包括的かつ持続的な在宅医療・介護の提供

持続可能な社会保障制度を確立するためには、高度急性期医療から在宅医療・介護までの一連のサービス提供体制を一体的に確保できるよう、質が高く効率的な医療提供体制を整備するとともに、国民が可能な限り住み慣れた地域で療養することができるよう、医療・介護が連携して地域包括ケアシステムの実現を目指すことが必要である。このため、平成26年度に創設した地域医療介護総合確保基金を活用し、引き続き、各都道府県が策定した事業計画に基づき、在宅医療・介護サービスの提供体制の整備等のために必要な取組を実施していく。また、在宅医療・介護の連携推進に係る事業は、介護保険法の地域支援事業に位置付け、市町村が主体となって地域の医師会等と連携しながら取り組むこととしている。令和4年度においては、在宅医療・介護連携に関する取組の推進・充実を図るために、引き続き市町村等職員に対する研修の実施及び市町村支援を行う都道府県への支援の充実等を行う。

エ 介護と仕事の両立支援
（ア）育児・介護休業法の円滑な施行

介護休業や介護休暇等の仕事と介護の両立支援制度等を定めた「育児休業、介護休業等育児又は家族介護を行う労働者の福祉に関する法律」等の改正により、有期雇用労働者の介護休業取得要件の緩和等を内容とする法令の改正（令和3年6月公布、令和4年4月1日施行）に

ついて、引き続き都道府県労働局において制度の内容を周知するとともに、企業において法の履行確保が図られるよう事業主に対して指導等を行う。

（イ）仕事と家庭を両立しやすい職場環境整備

育児や介護を行う労働者が働き続けやすい環境整備を推進するため、「女性の活躍・両立支援総合サイト（両立支援のひろば）」を通じて、「次世代育成支援対策推進法」に基づく一般事業主行動計画の策定等を促進するとともに、企業の環境整備の参考になるよう、好事例を引き続き収集・公表する。

また、中高年を中心として、家族の介護のために離職する労働者の数が高止まりしていることから、全国各地での企業向けセミナーの開催や仕事と家庭の両立支援プランナーによる個別支援を通じて、「介護離職を予防するための両立支援対応モデル」及び「介護支援プラン」の普及促進を図り、労働者の仕事と介護の両立を支援し、継続就業を促進する。そのほか、ケアマネジャーなど家族介護者を支援する者が仕事と介護の両立について学習できる「仕事と介護の両立支援カリキュラム」を用いた研修の実施等により、当該カリキュラムの普及促進を図る。

そして、「介護支援プラン」を策定し、介護に直面する労働者の円滑な介護休業の取得・職場復帰に取り組む中小企業事業主や、その他の仕事と介護との両立に資する制度（介護両立支援制度）を労働者が利用した中小企業事業主、新型コロナウイルス感染症への対応として家族を介護するための有給の休暇制度を設け、労働者が利用した中小企業事業主を助成金により支援する。

（4）持続可能な高齢者医療制度の運営

全世代型社会保障制度の構築のため、令和3年の通常国会において、後期高齢者（現行で3割負担となっている現役並み所得者を除く。）のうち、課税所得28万円以上（所得上位30％）かつ年収200万円以上（単身世帯の場合。複数世帯の場合は、後期高齢者の年収合計が320万円以上）の方について医療の窓口負担割合を2割とすることを内容とする改正法が成立し、令和4年10月1日から施行される。また、施行に当たっては、2割負担への変更により影響が大きい外来患者について、施行後3年間、1月分の負担増が、最大でも3,000円に収まるような配慮措置を実施する。

後期高齢者の保健事業について、高齢者の心身の多様な課題に対応し、きめ細かな支援を実施するため、後期高齢者医療広域連合のみならず、市民に身近な市町村が中心となって、介護保険の地域支援事業や国民健康保険の保健事業と一体的に後期高齢者の保健事業を実施する「高齢者の保健事業と介護予防の一体的な実施」の推進を図っている。

このため、後期高齢者医療広域連合から市町村へ高齢者保健事業を委託し、①事業全体のコーディネートや企画調整・分析等を行う医療専門職、②高齢者に対する個別的支援や通いの場等への関与等を行う医療専門職を配置する費用等を、国が後期高齢者医療調整交付金のうち特別調整交付金により引き続き支援する。

加えて、後期高齢者医療広域連合や市町村の職員を対象とする保健事業実施に関する研修や市町村の取組状況の把握等を行う「高齢者の保健事業と介護予防の一体的実施の全国的な横展開事業」等を通じて、取組の推進を支援する。

（5）認知症施策の推進

　認知症は誰もがなり得るものであり、家族や身近な人が認知症になること等を含め、多くの人にとって身近なものとなっている。認知症の発症を遅らせ、認知症になっても希望をもって日常生活を過ごせる社会を目指すため、令和元年6月に取りまとめられた「認知症施策推進大綱」には、「共生」と「予防」を車の両輪とし、①普及啓発・本人発信支援、②予防、③医療・ケア・介護サービス・介護者への支援、④認知症バリアフリーの推進・若年性認知症の人への支援・社会参加支援、⑤研究開発・産業促進・国際展開の5つの柱に沿った施策が盛り込まれているところである。

　「認知症施策推進大綱」の対象期間は令和7年までとなっており、施策ごとに設けられたKPI／目標の達成に向けて、施策を引き続き推進していく。

（6）人生の最終段階における医療の在り方

　人生の最終段階における医療・ケアについては、医療従事者から本人・家族等に適切な情報の提供がなされた上で、本人・家族等及び医療・ケアチームが繰り返し話合いを行い、本人による意思決定を基本として行われることが重要である。

　そのため、人生の最終段階における医療・ケア体制整備事業として、「人生の最終段階における医療・ケアの決定プロセスに関するガイドライン」に基づき、全国の医療従事者等に向けて、研修を行っていく。

　また、本人が望む医療やケアについて前もって考え、家族等や医療・ケアチームと繰り返し話し合い、共有する取組（人生会議）の普及・啓発を図るため、今後、国民に対し更に普及・啓発していく。

（7）住民等を中心とした地域の支え合いの仕組み作りの促進
ア　地域の支え合いによる生活支援の推進

　令和4年度に創設する「生活困窮者支援等のための地域づくり事業」等を通じて、地域住民のニーズ・生活課題の把握、住民主体の活動支援・情報発信、地域コミュニティを形成する居場所づくり、多様な担い手が連携する仕組み作りなどの取組を進め、身近な地域における共助の取組を活性化させることで、地域福祉の推進を図る。

　また、「寄り添い型相談支援事業」として、24時間365日ワンストップで電話相談を受け、必要に応じて、具体的な解決につなげるための面接相談、同行支援を行う事業を実施する。

　令和3年4月に施行された改正社会福祉法に基づき、市町村において、地域住民の複雑化・複合化した支援ニーズに対応する包括的な支援体制を整備するため、対象者の属性を問わない相談支援、多様な参加支援、地域づくりに向けた支援を一体的に行う重層的支援体制整備事業の推進を図る。

イ　地域福祉計画の策定の支援

　福祉サービスを必要とする高齢者を含めた地域住民が、地域社会を構成する一員として日常生活を営み、社会、経済、文化その他あらゆる分野の活動に参加する機会が確保されるよう地域福祉の推進に努めている。このため、福祉の各分野における共通して取り組むべき事項や福祉サービスの適切な利用の推進、社会福祉を目的とする事業の健全な発達、地域福祉活動への住民参加の促進、要援護者に係る情報の把握・共有・安否確認等の方法等を盛り込んだ地域福祉計画の策定の支援を引き続き行う。

ウ　地域における高齢者の安心な暮らしの実現

　地域主導による地域医療の再生や在宅介護の充実を引き続き図っていく。そのため、医療、介護の専門家を始め、地域の多様な関係者を含めた多職種が協働して個別事例の支援方針の検討等を行う「地域ケア会議」の取組や、情報通信技術の活用による在宅での生活支援ツールの整備等を進め、地域に暮らす高齢者が自らの希望するサービスを受けることができる社会を構築していく。

　新たなシニア向けサービスの需要の創造、高齢者の起業や雇用の促進、高齢者が有する技術・知識等の次世代への継承等の好循環を可能とする環境を整備していく。

（8）新型コロナウイルス感染症への対応

　新型コロナウイルス感染症の感染拡大に備え、「次の感染拡大に向けた安心確保のための取組の全体像」（令和3年11月新型コロナウイルス感染症対策本部決定）に基づき、ワクチン接種、検査、治療薬等の普及による予防、発見から早期治療までの流れを更に強化するとともに、最悪の事態を想定した対応を行う。

　オミクロン株の対応に際しては、「全体像」で整備した保健医療体制をしっかりと稼働させることを基本としつつ、その中でもオミクロン株の特徴に対応する対策の重点化・迅速化を図ってきた。

　こうした取組により、重症化する患者数が抑制され、病床ひっ迫がこれまでより生じにくくなり、感染拡大が生じても、国民の命と健康を損なう事態を回避することが可能となる。今後は、こうした状況の変化を踏まえ、感染リスクを引き下げながら経済社会活動の継続を可能とする新たな日常の実現を図る。

　また、地域医療介護総合確保基金等を活用し、新型コロナウイルス感染症の感染者が発生した介護サービス事業所・施設等におけるかかりまし経費や、多床室の個室化等の設備整備等について措置することとしており、これらの取組を通じて新型コロナウイルス感染症への対応力強化を図る。

3　学習・社会参加

（1）学習活動の促進
ア　学校における多様な学習機会の提供
（ア）初等中等教育機関における多様な学習機会の確保

　児童生徒が高齢社会の課題や高齢者に対する理解を深めるため、学習指導要領に基づき、引き続き小・中・高等学校におけるボランティア等社会奉仕に関わる活動や高齢者との交流等を含む体験活動の充実を図る。

（イ）高等教育機関における社会人の学習機会の提供

　生涯学習のニーズの高まりに対応するため、大学においては、社会人入試の実施、夜間大学院の設置、昼夜開講制の実施、科目等履修生制度の実施、長期履修学生制度の実施等を引き続き行い、履修形態の柔軟化等を図って、社会人の受入れを一層促進する。

　また、大学等が、その学術研究・教育の成果を直接社会に開放し、履修証明プログラムや公開講座を実施する等高度な学習機会を提供することを促進する。

　放送大学においては、テレビ・ラジオ放送やインターネット等の身近なメディアを効果的に活用して、幅広く大学教育の機会を国民に提供する。

　また、高等教育段階の学習機会の多様な発展

に寄与するため、短期大学卒業者、高等専門学校卒業者、専門学校等修了者で、大学における科目等履修生制度等を利用し一定の学習を修めた者については、独立行政法人大学改革支援・学位授与機構において審査の上、「学士」の学位授与を行う。

（ウ）学校機能・施設の地域への開放

児童生徒の学習・生活の場であり、地域コミュニティの拠点でもある公立学校施設の整備に対し国庫補助を行うとともに、学校施設整備指針を示すこと等により、学校開放に向けて、高齢者を含む地域住民の積極的な利用を促進するような施設づくりを進めていく。

また、小・中学校の余裕教室について、引き続き、地方公共団体が社会教育施設やスポーツ・文化施設等への転用を図れるよう、取組を支援していく。

イ　社会における多様な学習機会の提供
（ア）社会教育の振興

地域住民の身近な学習拠点である公民館を始めとする社会教育施設等において、高齢者を含む幅広い年齢層を対象とした多様な学習機会の充実を促進するとともに、地域住民が主体となって地域の様々な課題解決を図る取組を通じた安全・安心で活力ある地域形成を促進するため、高齢者の主体的な地域活動への参画事例を含む社会教育を基盤とした取組について全国の優れた実践事例を収集するとともに、その効果等の客観的な分析を行い、広く全国に情報共有等を図る。

（イ）文化活動の振興

国民文化祭の開催等による幅広い年齢層を対象とした文化活動への参加機会の提供、国立の博物館等における高齢者に対する優遇措置やバリアフリー化等による芸術鑑賞機会の充実を通じて多様な文化活動の振興を図る。

（ウ）スポーツ活動の振興

いつまでも健康で活力に満ちた長寿社会を実現するため、「スポーツによる地域活性化推進事業」を活用し、スポーツを通じた地域の活性化を推進するとともに、スポーツ行事の実施等の各種機会を通じて多様なスポーツ活動の振興を図る。

（エ）自然とのふれあい

国立公園等の利用者を始め、国民の誰もが自然とふれあう活動が行えるよう、自然ふれあい施設や体験活動イベント等の情報をインターネット等を通じて提供する。

ウ　社会保障等の理解促進

平成29年3月に改訂した中学校学習指導要領の社会科や技術・家庭科、平成30年3月に改訂した高等学校学習指導要領の公民科や家庭科において、少子高齢社会における社会保障の充実・安定化や介護に関する内容等が明記されたことを踏まえ、その趣旨の徹底を図る。令和3年度に新たに作成した教材等の普及・啓発を行う等、若い世代が高齢社会を理解する力を養うために、教育現場において社会保障教育が正しく教えられる環境づくりに取り組む。

より公平・公正な社会保障制度の基盤となるマイナンバー制度については、情報連携の本格運用に伴い、各種年金関係手続のほか、介護保険を始めとした高齢者福祉に関する手続を含む事務において、従来必要とされていた住民票の写しや課税証明書、年金証書等の書類が不要と

なっている。本格運用の対象事務は、順次、拡大しており、こうしたマイナンバー制度の取組状況について、地方公共団体等とも連携し、国民への周知・広報を行う。

　また、国民一人一人が安定的な資産形成を実現するため、若年期から金融リテラシーを習得できるよう、引き続き、金融庁・財務局職員による出張授業（オンライン授業を含む。）の実施や教員向け研修会への講師派遣を行うほか、デジタルコンテンツの提供を始めとするICTを活用した取組を進め、幅広い層に対して金融経済教育を推進する。

エ　高齢者等に向けたデジタル活用支援の推進

　民間企業や地方公共団体などと連携し、高齢者等のデジタル活用についての不安の解消に向けて、オンライン行政手続等のスマートフォンの利用方法に対する助言・相談等の対応支援を行う「講習会」を、全国において引き続き実施する。また、デジタル活用支援推進事業の講師を携帯電話ショップ等がない地域を念頭に、全国的に育成・派遣する。

オ　ライフステージに応じた消費者教育の取組の促進

　「消費者教育の推進に関する法律」及び「消費者教育の推進に関する基本的な方針」に基づき、消費者教育を推進する。また、第4期消費者教育推進会議の取りまとめ（令和3年9月）等も踏まえ、体系的な消費者教育推進のための体制整備等について検討を行う。

（2）社会参加活動の促進

ア　多世代による社会参加活動の促進

（ア）高齢者の社会参加と生きがいづくり

　高齢者の生きがいと健康づくり推進のため、地域を基盤とする高齢者の自主的な活動組織である老人クラブ等や都道府県及び市町村が行う地域の高齢者の社会参加活動を支援する。また、国民一人一人が積極的に参加し、その意義について広く理解を深めることを目的とした「全国健康福祉祭（ねんりんピック）」を令和4年11月に神奈川県・横浜市・川崎市・相模原市で開催する。また、退職教員や企業退職高齢者等を含む幅広い地域住民や企業・団体等の参画により、地域と学校が連携・協働して、学びによるまちづくり、地域人材育成、郷土学習、放課後等における学習・体験活動等、地域全体で未来を担う子供たちの成長を支え、地域を創生する「地域学校協働活動」を全国的に推進する。

　さらに、企業退職高齢者等が、地域社会の中で役割を持って生き生きと生活できるよう、有償ボランティア活動による一定の収入を得ながら自らの生きがいや健康づくりにもつながる活動を行い、同時に介護予防や生活支援のサービスの基盤整備を促進する「高齢者生きがい活動促進事業」を実施する。

　また、地域支援事業において、有償ボランティア活動等の就労的活動の場を提供できる団体・組織と就労的活動を実施したい事業者とをマッチングし、高齢者個人の特性や希望に合った活動をコーディネートする人材の配置を引き続き推進する。

　加えて、高齢者を含む誰もが旅行を楽しむことができる環境を整備するため、観光庁が認定する宿泊施設・飲食店等を活用したモニターツアー実証事業等を実施するほか、引き続き、旅館・ホテル等におけるバリアフリー化への改修の支援を実施する。

　また、地域の社会教育を推進するため、社会教育を行う者に対する専門的技術的な指導助言を行う社会教育主事等の専門的職員の養成等を

図る。

さらに、地域住民が主体となって地域の様々な課題解決を図る取組を通じた安全・安心で活力ある地域形成を促進するため、高齢者の主体的な地域活動への参画事例を含む社会教育を基盤とした取組について全国の優れた実践事例を収集するとともに、その効果等の客観的な分析を行い、広く全国に情報共有等を図る。

高齢者の社会参加や世代間交流を促進するため、「高齢社会フォーラム」を開催する。また、年齢にとらわれず自らの責任と能力において自由で生き生きとした生活を送る高齢者（エイジレス・ライフ実践者）や、社会参加活動を積極的に行っている高齢者の団体等を紹介する。

（イ）国立公園におけるユニバーサルデザインの推進

国立公園において、主要な利用施設であるビジターセンター、園路、公衆トイレ等についてユニバーサルデザイン化、情報発信の充実等により、高齢者にも配慮した利用環境の整備を推進する。

（ウ）高齢者の余暇時間等の充実

高齢者等がテレビジョン放送を通じて情報アクセスの機会を確保できるよう、字幕放送、解説放送及び手話放送の充実を図るため、平成30年2月に策定した「放送分野における情報アクセシビリティに関する指針」を踏まえ、引き続き、放送事業者の自主的な取組を促すとともに、字幕番組等の制作費や設備整備費等に対する助成を行うこと等により、放送事業者等の取組を支援していく。なお、当該指針については、令和4年度に見直しを予定している。あわせて、字幕付きCM番組の普及についても、字幕付きCM普及推進協議会と連携して取り組んでいく。

イ　市民やNPO等の担い手の活動環境の整備

市民やNPO等の活動環境を整備するため、認定NPO法人等の寄附税制の活用促進やNPO法の適切な運用を推進する。また、市民活動に関する情報の提供を行うための内閣府NPOホームページや、ポータルサイト等の情報公開システムの機能向上に取り組む。さらに、NPO法に基づく各種事務のオンライン化を進める。

また、開発途上国からの要請に見合った技術・知識・経験を有し、かつ開発途上国の社会や経済の発展への貢献を希望する国民が、JICA海外協力隊員（対象：20歳から69歳まで）として途上国の現場で活躍する、独立行政法人国際協力機構を通じた事業（JICAボランティア事業）を新型コロナウイルス感染症の状況等を見つつ推進する。

4　生活環境

（1）豊かで安定した住生活の確保

「住生活基本計画（全国計画）」に掲げた目標（〔1〕「新たな日常」やDXの進展等に対応した新しい住まい方の実現、〔2〕頻発・激甚化する災害新ステージにおける安全な住宅・住宅地の形成と被災者の住まいの確保、〔3〕子どもを産み育てやすい住まいの実現、〔4〕多様な世代が支え合い、高齢者等が健康で安心して暮らせるコミュニティの形成とまちづくり、〔5〕住宅確保要配慮者が安心して暮らせるセーフティネット機能の整備、〔6〕脱炭素社会に向けた住宅循環システムの構築と良質な住宅ストックの形成、〔7〕空き家の状況に応じた適切な管理・除

却・利活用の一体的推進、〔8〕居住者の利便性や豊かさを向上させる住生活産業の発展）を達成するため、必要な施策を着実に推進する。

ア　次世代へ継承可能な良質な住宅の供給促進
（ア）持家の計画的な取得・改善努力への援助等の推進

良質な持家の取得・改善を促進するため、勤労者財産形成住宅貯蓄の普及促進等を図るとともに、独立行政法人住宅金融支援機構の証券化支援事業及び独立行政法人勤労者退職金共済機構等の勤労者財産形成持家融資を行う。

また、住宅ローン減税等の税制上の措置を活用し、引き続き良質な住宅の取得を促進する。

（イ）高齢者の持家ニーズへの対応

住宅金融支援機構において、親族居住用住宅を証券化支援事業の対象とするとともに、親子が債務を継承して返済する親子リレー返済（承継償還制度）を実施する。

（ウ）将来にわたり活用される良質なストックの形成

「長期優良住宅の普及の促進に関する法律」に基づき、住宅を長期にわたり良好な状態で使用するため、その構造や設備について、一定以上の耐久性、維持管理容易性等の性能を備え、適切な維持保全が確保される「認定長期優良住宅」の普及促進を図る。

イ　循環型の住宅市場の実現
（ア）既存住宅流通・リフォーム市場の環境整備

既存住宅ストックの質の向上及び流通促進に向けて、インスペクションの円滑な普及、安心して既存住宅を取得したりリフォーム工事を依頼することができる市場環境の整備、瑕疵保険や住宅紛争処理制度の充実を図るとともに、良質な住宅ストックが適正に評価される市場の形成を促進する先導的な取組や既存住宅の長寿命化に資するリフォームの取組を支援する。

（イ）高齢者に適した住宅への住み替え支援

高齢者等の所有する戸建て住宅等を、広い住宅を必要とする子育て世帯等へ賃貸することを円滑化する制度により、高齢者に適した住宅への住み替え等を促進するとともに、同制度を活用して住み替える先の住宅を取得する費用について、住宅金融支援機構の証券化支援事業における民間住宅ローンの買取要件の緩和により支援する。

さらに、高齢者が住み替える先のサービス付き高齢者向け住宅に係る入居一時金及び住み替える先の住宅の建設・購入資金の確保に資するよう、住宅融資保険制度を活用し、民間金融機関のリバースモーゲージの普及を支援する。

ウ　高齢者の居住の安定確保
（ア）良質な高齢者向け住まいの供給

「高齢者の居住の安定確保に関する法律等の一部を改正する法律」により創設された「サービス付き高齢者向け住宅」の供給促進のため、整備費に対する補助、税制の特例措置、住宅金融支援機構の融資による支援を行う。また、新たな日常に対応するため、非接触でのサービス提供等を可能とするIoT技術の導入支援を行う。

さらに、高齢者世帯等の住宅確保要配慮者の増加に対応するため、民間賃貸住宅を活用したセーフティネット登録住宅を推進するとともに、登録住宅の改修や入居者負担の軽減等への支援を行う。

また、有料老人ホームやサービス付き高齢者

向け住宅について、利用者を保護する観点から、前払金の返還方法や権利金の受領禁止の規定の適切な運用の徹底を引き続き求める。

（イ）高齢者の自立や介護に配慮した住宅の建設及び改造の促進

「健康で快適な暮らしのための住まいの改修ガイドライン」の普及等によりバリアフリー化等の改修を進める。住宅金融支援機構においては、高齢者自らが行う住宅のバリアフリー改修について高齢者向け返済特例制度を適用した融資を実施する。また、証券化支援事業の枠組みを活用したフラット35Sにより、バリアフリー性能等に優れた住宅に係る金利引下げを行う。さらに、住宅融資保険制度を活用し、民間金融機関が提供する住宅の建設、購入、改良等の資金に係るリバースモーゲージの普及を支援する。

また、バリアフリー構造等を有する「サービス付き高齢者向け住宅」の供給促進のため、整備費に対する補助、税制の特例措置、住宅金融支援機構の融資による支援を行う。

（ウ）公共賃貸住宅

公共賃貸住宅においては、バリアフリー化を推進するため、原則として、新たに供給する全ての公営住宅、改良住宅及び都市再生機構賃貸住宅について、段差の解消等一定の高齢化に対応した仕様により建設する。

この際、公営住宅、改良住宅の整備においては、中高層住宅におけるエレベーター設置等の高齢者向けの設計・設備によって増加する工事費について助成を行う。都市再生機構賃貸住宅においても、中高層住宅の供給においてはエレベーター設置を標準とする。

また、老朽化した公共賃貸住宅については、計画的な建替え・改善を推進する。

（エ）住宅と福祉の施策の連携強化

「高齢者の居住の安定確保に関する法律」に基づき、都道府県及び市町村において、高齢者の居住の安定確保のための計画を定めることを推進していく。また、生活支援・介護サービスが提供される高齢者向けの賃貸住宅の供給を促進し、医療・介護と連携した安心できる住まいの提供を実施していく。

また、市町村の総合的な高齢者住宅施策の下、シルバーハウジング・プロジェクト事業を実施するとともに、公営住宅等においてライフサポートアドバイザー等のサービス提供の拠点となる高齢者生活相談所の整備を促進する。

（オ）高齢者向けの先導的な住まいづくり等への支援

スマートウェルネス住宅等推進事業により、高齢者等の居住の安定確保・健康維持増進に係る先導的な住まいづくりの取組等に対して補助を行う。

（カ）高齢者のニーズに対応した公共賃貸住宅の供給

公営住宅については、高齢者世帯向公営住宅の供給を促進する。また、地域の実情を踏まえた地方公共団体の判断により、高齢者世帯の入居収入基準を一定額まで引き上げるとともに、入居者選考において優先的に取り扱うことを可能としている。

都市再生機構賃貸住宅においては、高齢者同居世帯等に対する入居又は住宅変更における優遇措置を行う。

（キ）高齢者の民間賃貸住宅への入居の円滑化

高齢者等の民間賃貸住宅への円滑な入居を促

進するため、地方公共団体や関係事業者、居住支援団体等が組織する居住支援協議会や新たな住宅セーフティネット制度に基づく居住支援法人が行う相談・情報提供等に対する支援を行う。

(2) 高齢社会に適したまちづくりの総合的推進

ア　共生社会の実現に向けた取組の推進

パラリンピック選手との交流を契機にユニバーサルデザインの街づくりと心のバリアフリーを推進し、共生社会の実現を目指す「共生社会ホストタウン」の取組が東京2020大会のレガシーになるよう、令和2年5月の第201回国会で成立した改正後のバリアフリー法及び関係施策に基づき、ハード対策に加え、心のバリアフリーの推進などソフト対策のより一層の強化を図る。

イ　多世代に配慮したまちづくり・地域づくりの総合的推進

高齢者等全ての人が安全・安心に生活し、社会参加できるよう、高齢者に配慮したまちづくりを総合的に推進するため、バリアフリー法に基づく移動等円滑化促進方針及び基本構想の作成を市町村に働きかけるとともに、地域公共交通バリアフリー化調査事業及びバリアフリー環境整備促進事業を実施する。

高齢化の進行や人口減少等の社会構造変化や環境等に配慮したまちづくりを進めることが不可欠であるとの観点から、環境価値、社会的価値、経済的価値を新たに創造し、「誰もが暮らしたいまち」・「誰もが活力あるまち」の実現を目指す「環境未来都市」構想を推進するため、引き続き、選定された環境未来都市及び環境モデル都市の取組に関する普及展開等を実施する。

「誰一人取り残さない」社会の実現を目指し

て、経済・社会・環境をめぐる広範な課題に統合的に取り組むための世界共通の目標である持続可能な開発目標（SDGs）を、広く全国の地方公共団体において積極的に推進するため、地方創生に向けたSDGs推進事業を実施する。令和3年度に引き続き令和4年度においても、SDGs達成に向けた優れた取組を提案する都市を「SDGs未来都市」として選定するとともに、その中でも特に先導的な取組を「自治体SDGsモデル事業」として選定する。また、地方公共団体が広域で連携し、SDGsの理念に沿って地域のデジタル化や脱炭素化等を行う地域活性化に向けた取組を「広域連携SDGsモデル事業」として選定し、支援を行う。

また、SDGsの推進に当たっては、多様なステークホルダーとの連携が不可欠であることから、引き続き、官民連携の取組を促進することを目的とした「地方創生SDGs官民連携プラットフォーム」を通じて、マッチングイベント等を開催する。

さらに、金融面においても、地方公共団体と地域金融機関等が連携して、地域課題の解決やSDGsの達成に取り組む地域事業者を支援し、地域における資金の還流と再投資を生み出す「地方創生SDGs金融」を通じた自律的好循環の形成を目指す。

加えて、地方創生に向けた日本のSDGsモデルや脱炭素化・デジタル化等を通じた地方創生に資する取組事例を国内外に発信するため、国際的なフォーラムを開催する。

さらに、地方創生の観点から、全世代・全員活躍型「生涯活躍のまち」について、その徹底活用を図る。具体的には、「「生涯活躍のまち」づくりに関するガイドライン」等を踏まえ、移住者や関係人口と地元住民双方を対象に、個々の施設というよりは、エリア全体の魅力向上や

空間デザインという点を視野に入れ、関係府省庁により構成される支援チームを活用するなどし、住宅、福祉、健康づくり、就労支援、まちづくり等、あらゆる施策を分野横断的、総合的に活用し、関係府省庁が連携した支援を行う。

特に、地域課題を抱える地方公共団体へのフォローアップや、「生涯活躍のまち」の取組に未着手の地方公共団体の新たな掘り起こし等を進めるとともに、「生涯活躍のまち」に関する意向調査の結果等を基に、取組の推進意向のある地方公共団体や関連する取組について支援する。

中山間地域等において、各種生活サービス機能が一定のエリアに集約され、集落生活圏内外をつなぐ交通ネットワークが確保された拠点である「小さな拠点」の形成拡大と質的向上を目指し、地域の自立共助の運営組織や全国の多様な関係者間の連携を図る等、総合的に支援する。

ウ　公共交通機関等の移動空間のバリアフリー化

（ア）バリアフリー法に基づく公共交通機関のバリアフリー化の推進

バリアフリー法に基づき、公共交通事業者等による旅客施設や車両等のバリアフリー化の取組を促進する。このため、「公共交通移動等円滑化基準」、「公共交通機関の旅客施設に関する移動等円滑化整備ガイドライン」及び「公共交通機関の車両等に関する移動等円滑化整備ガイドライン」に基づき、整備を進めるとともに、「公共交通機関の役務の提供に関する移動等円滑化整備ガイドライン」に基づき、「心のバリアフリー」を推進する。また、鉄道駅等旅客ターミナルのバリアフリー化、ノンステップバス、ユニバーサルデザインタクシーを含む福祉タクシーの導入等に対する支援措置を実施する。加えて、「交通政策基本法」に基づく「交通政策

基本計画」においても、バリアフリー化等の推進を目標の一つとして掲げている。

（イ）歩行空間の形成

移動の障壁を取り除き、全ての人が安全に安心して暮らせるよう、信号機、歩道等の交通安全施設等の整備を推進する。高齢歩行者等の安全な通行を確保するため、①幅の広い歩道等の整備、②歩道の段差・傾斜・勾配の改善、③無電柱化推進計画に基づく道路の無電柱化、④歩行者用案内標識の設置、⑤歩行者等を優先する道路構造の整備、⑥自転車道等の設置による歩行者と自転車交通の分離、⑦生活道路における速度の抑制及び通過交通の抑制・排除並びに幹線道路における道路構造の工夫や、交通流の円滑化を図るための信号機、道路標識等の重点的整備、⑧バリアフリー対応型信号機（Bluetoothを活用し、スマートフォン等に対して歩行者用信号情報を送信するとともに、スマートフォン等の操作により青信号の延長を可能とする高度化PICSを含む。）の整備、⑨歩車分離式信号の運用、⑩見やすく分かりやすい道路標識・道路標示の整備、⑪信号灯器のLED化等の対策を実施する。

また、最高速度30キロメートル毎時の区域規制とハンプ等の物理的デバイスとの適切な組合せにより交通安全の向上を図ろうとする区域を「ゾーン30プラス」として設定し、警察と道路管理者が緊密に連携しながら、生活道路における人優先の安全・安心な通行空間の整備の更なる推進を図る。

（ウ）道路交通環境の整備

高齢者等が安心して自動車を運転し外出できるよう、生活道路における交通規制の見直し、付加車線の整備、道路照明の増設、道路標識・

道路標示の高輝度化、信号灯器のLED化、「道の駅」における優先駐車スペース、高齢運転者等専用駐車区間の整備等の対策を実施する。

（エ）バリアフリーのためのソフト面の取組

高齢者や障害者等も含め、誰もが屋内外をストレス無く自由に活動できるユニバーサル社会の構築に向け、ICTを活用した歩行者移動支援の普及促進を図る。民間事業者等が多様な歩行者移動支援サービスを提供できる環境を整備するため、施設や経路のバリアフリー情報等の移動に必要なデータの整備促進を図るとともに、オープンデータの利活用を更に拡大するためのアイデアコンテストを始めとした、広報・周知の取組を推進する。

「心のバリアフリー」社会を実現し、ハード面のみならずソフト面も含む総合的なバリアフリー化を実現するため、高齢者等の介助体験・擬似体験等を内容とする「バリアフリー教室」の開催等ソフト面での取組を推進する。

（オ）訪日外国人旅行者の受入環境整備

訪日外国人旅行者の移動円滑化を図るため、エレベーター・スロープ等の設置等を補助制度により支援する。

エ　建築物・公共施設等のバリアフリー化

バリアフリー法に基づく認定を受けた優良な建築物（認定特定建築物）等のうち一定のものの整備及び不特定多数の者が利用し、又は主として高齢者・障害者等が利用する既存建築物のバリアフリー改修工事に対して支援措置を講じることにより、高齢者・障害者等が円滑に移動等できる建築物の整備を促進する。

窓口業務を行う官署が入居する官庁施設について、バリアフリー法に基づく建築物移動等円滑化誘導基準に規定された整備水準の確保等により、高齢者を始め全ての人が、安全に、安心して、円滑かつ快適に利用できる施設を目指した整備を推進する。

社会資本整備総合交付金等の活用によって、誰もが安心して利用できる都市公園の整備を推進するとともに、バリアフリー法に基づく基準等により、公園施設のバリアフリー化を推進する。

誰もが身近に自然とふれあえる快適な環境の形成を図るため、歩いていける範囲の身近な公園を始めとした都市公園等の計画的な整備を推進する。

また、河川等では、高齢者にとって憩いと交流の場となる良好な水辺空間の整備を推進する。

加えて、訪日外国人旅行者が我が国を安心して旅行できる環境を整備するため、訪日外国人旅行者受入環境整備に積極的に取り組む地域や、訪日外国人旅行者の来訪が特に多い、又はその見込みのあるものとして観光庁が指定する市町村に係る観光地等において、代表的な観光スポット等における段差の解消を支援する。

オ　活力ある農山漁村の再生

農福連携の取組として、社会福祉法人等による高齢者を対象とした生きがい及びリハビリを目的とした農園の整備等を支援する。

また、農山漁村の健全な発展と活性化を図るため、農山漁村地域の農林水産業生産基盤と生活環境の一体的・総合的な整備を実施する。

さらに、高齢者等による農作業中の事故が多い実態を踏まえ、全国の農業者が農作業安全研修を受講するよう推進するとともに、農作業安全の全国運動を実施する。

農業人口の減少と高齢化が進行する中、作業ピーク時における労働力不足や高齢農業者への

作業負荷の増大等を解消するため、産地が一体となって、シルバー人材等の活用を含め、労働力の確保・調整等に向けた体制の構築を支援する。

加えて、「漁港漁場整備法」に基づき策定された「漁港漁場整備長期計画」（令和4年3月閣議決定）を踏まえ、浮体式係船岸や岸壁、用地等への防暑・防雪施設等の軽労化施設等の整備を実施する。

（3）交通安全の確保と犯罪、災害等からの保護

ア　交通安全の確保

近年、交通事故における致死率の高い高齢者の人口の増加が、交通事故死者数を減りにくくさせる要因の一つとなっており、今後、高齢化が更に進むことを踏まえると、高齢者の交通安全対策は重点的に取り組むべき課題である。

高齢者にとって、安全で安心な交通社会の形成を図るため、令和3年3月に中央交通安全対策会議で決定した「第11次交通安全基本計画」（計画期間：令和3～7年度）等に基づき、①生活道路等における人優先の安全・安心な歩行空間の整備、②参加・体験・実践型の交通安全教育、③交通安全教育を受ける機会の少ない高齢者を対象とした個別指導、④シルバーリーダー（高齢者交通安全指導員）等を対象とした参加・体験・実践型の講習会の実施による高齢者交通安全教育の推進、⑤高齢運転者対策等の交通安全対策を実施する。

また、生活道路において、科学的データや、地域の顕在化したニーズ等に基づき抽出した交通事故の多いエリアにおいて、国、地方公共団体、地域住民等が連携し、徹底した通過交通の排除や車両速度の抑制等のゾーン対策に取り組み、子供や高齢者等が安心して通行できる道路空間の確保を図る。

さらに、歩行中及び自転車乗用中の交通事故死者数に占める高齢者の割合が高いことを踏まえ、交通事故が多発する交差点等における交通ルール遵守の呼び掛けや参加・体験・実践型の交通安全教育を実施していくとともに、「自転車活用推進法」（平成28年法律第113号）により定められる「第2次自転車活用推進計画」に基づき、歩行者、自転車及び自動車が適切に分離された自転車通行空間の整備を促進するなど、安全で快適な自転車利用環境の創出を推進する。

踏切道の歩行者対策として、「移動等円滑化要対策踏切」が追加された「踏切安全通行カルテ」や地方踏切道改良協議会を通じてプロセスの「見える化」をし、道路管理者と鉄道事業者が、地域の実情に応じた対策を検討し、高齢者等の通行の安全対策を推進する。

75歳以上で一定の違反歴がある高齢運転者に対する運転技能検査制度の導入及び申請により対象車両を安全運転サポート車に限定するなどの限定条件付免許制度の導入等を内容とする「道路交通法の一部を改正する法律」、関連する政令及び内閣府令等が令和4年5月に施行されたことを踏まえ、今後、各法令事項の適切かつ円滑な実施に向けて準備を進めていく。

車両の安全技術の観点からは、安全運転サポート車の普及促進、新車への衝突被害軽減ブレーキの搭載義務化（令和3年11月以降順次）等の取組により、9割を超える新車乗用車に衝突被害軽減ブレーキ等の先進安全技術が搭載されている。更なる高齢ドライバーの事故削減に向けて、ドライバー異常時対応システムなど、より高度な安全技術の開発・普及の促進に取り組んでいく。

イ 犯罪、人権侵害、悪質商法等からの保護

（ア）犯罪からの保護

　高齢者が犯罪や事故に遭わないよう、交番、駐在所の警察官を中心に、巡回連絡等を通じて高齢者宅を訪問し、高齢者が被害に遭いやすい犯罪の手口の周知及び被害防止対策についての啓発を行うとともに、必要に応じて関係機関や親族への連絡を行うほか、認知症等によって行方不明になる高齢者を発見、保護するための仕組み作りを関係機関等と協力して推進する。

　高齢者を中心に大きな被害が生じている特殊詐欺については、令和元年6月、犯罪対策閣僚会議において策定した「オレオレ詐欺等対策プラン」に基づき、全府省庁において、幅広い世代に対して高い発信力を有する著名な方々と連携し、公的機関、各種団体、民間事業者等の協力を得ながら、家族の絆の重要性等を訴える広報啓発活動を多種多様な媒体を活用して展開するなど被害防止対策を推進するとともに、電話転送サービスを介した固定電話番号の悪用への対策を始めとする犯行ツール対策や背後にいると見られる暴力団等の犯罪者グループ等に対する取締り等を推進する。

　また、悪質商法の中には高齢者を狙った事件もあることから悪質商法の取締りを推進するとともに、犯罪に利用された預貯金口座の金融機関への情報提供等の被害拡大防止対策、悪質商法等からの被害防止に関する広報啓発活動及び悪質商法等に関する相談活動を行う。

　さらに、特殊詐欺や利殖勧誘事犯の犯行グループは、被害者や被害者になり得る者等が登載された名簿を利用しており、当該名簿登載者の多くは高齢者であって、今後更なる被害に遭う可能性が高いと考えられるため、捜査の過程で警察が押収した際はこれらの名簿をデータ化し、都道府県警察が委託したコールセンターの職員がこれを基に電話による注意喚起を行う等の被害防止対策を実施する。

　加えて、今後、認知症高齢者や一人暮らし高齢者が増加していく状況を踏まえ、市民を含めた後見人等の確保や市民後見人の活動を安定的に実施するための組織体制の構築・強化を図る必要があることから、令和3年度に引き続き、地域住民で成年後見に携わろうとする者に対する養成研修や後見人の適正な活動が行われるよう支援していく。

（イ）人権侵害からの保護

　「高齢者虐待の防止、高齢者の養護者に対する支援等に関する法律」に基づき、前年度の養介護施設従事者等による虐待及び養護者による虐待の状況について、必要な調査等を実施し、各都道府県・市町村における虐待の実態・対応状況の把握に努めるとともに、市町村等に高齢者虐待に関する通報や届出があった場合には、関係機関と連携して速やかに高齢者の安全確認や虐待防止、保護を行う等、高齢者虐待への早期対応が行われるよう、必要な支援を行っていく。

　法務局において、高齢者の人権問題に関する相談に応じるとともに、法務局に来庁することができない高齢者等からの相談について、引き続き電話、インターネット等を通じて受け付ける。人権相談等を通じて、家庭や高齢者施設等における虐待等、高齢者を被害者とする人権侵害の疑いのある事案を認知した場合には、人権侵犯事件として調査を行い、その結果を踏まえ、事案に応じた適切な措置を講じる等して、被害の救済及び人権尊重思想の普及高揚に努める。

（ウ）悪質商法からの保護

　消費者庁では、引き続き、地域において認知

症高齢者等の「配慮を要する消費者」を見守り、消費者被害の未然防止・拡大防止を図るための消費者安全確保地域協議会について、地方消費者行政強化交付金の活用や幅広い情報提供などにより、地方公共団体における更なる設置や活動を支援する。

高齢者の周りの人々による見守りの強化の一環として、高齢者団体のほか障害者団体・行政機関等を構成員とする「高齢消費者・障がい消費者見守りネットワーク連絡協議会」を開催し、消費者トラブルの情報共有や、悪質商法の新たな手口や対処の方法等の情報提供等を図る。

さらに、全国どこからでも身近な消費生活相談窓口につながる共通の3桁の電話番号である「消費者ホットライン188」を引き続き運用するとともに、同ホットラインについて消費者庁ウェブサイトへの掲載、SNSを活用した広報、啓発チラシやポスターの配布、各種会議等を通じた周知を行い、利用の促進を図る。

また、独立行政法人国民生活センターでは引き続き、消費者側の視点から注意点を簡潔にまとめたメールマガジン「見守り新鮮情報」を月2回程度配信する。

情報提供の努力義務における考慮要素として「年齢」や「心身の状態」を追加すること等を内容とする「消費者契約法」の改正を見据え、同法の施行に向けた準備及び制度の周知活動を行う。

（エ）司法ソーシャルワークの実施

法テラスでは、法的問題を抱えていることに気付いていなかったり、意思の疎通が困難である等の理由で自ら法的支援を求めることが難しい高齢者・障害者等に対して、地方公共団体、福祉機関・団体や弁護士会、司法書士会等と連携を図りつつ、当該高齢者・障害者等に積極的に働きかける（アウトリーチ）等して、法的問題を含めた諸問題を総合的に解決することを目指す「司法ソーシャルワーク」を推進する。

そこで、出張法律相談等のアウトリーチ活動を担う弁護士・司法書士を確保する等、「司法ソーシャルワーク」の実施に必要な体制整備をより一層進めるとともに、福祉機関職員に対して業務説明会を行う等して、福祉機関との連携を更に強化する。あわせて、福祉機関に対して、平成30年1月24日から実施している特定援助対象者法律援助事業の周知を図る。

ウ　防災施策の推進

病院、老人ホーム等の要配慮者利用施設を保全するため、土砂災害防止施設の整備を推進するとともに、激甚な水害・土砂災害を受けた場合の再度災害防止対策を引き続き実施する。

「水防法」及び土砂災害防止法に基づき、浸水想定区域内又は土砂災害警戒区域内の要配慮者利用施設への洪水予報又は土砂災害警戒情報等の伝達方法を定めることを推進する。あわせて、市町村地域防災計画において浸水想定区域又は土砂災害警戒区域内の要配慮者利用施設の名称及び所在地を定めるとともに、これら要配慮者利用施設の施設管理者等による避難確保計画の作成及び計画に基づく訓練の実施を促進する。

また、要配慮者利用施設における避難確保計画の作成や訓練の実施、職員等に対する防災教育の実施について技術的に支援するため「避難確保計画の作成・活用の手引き」や施設職員向けの教材の周知を行う。避難確保計画や訓練結果の報告を受ける市町村においても、施設に適切に助言・勧告を行うことができるように、市町村職員を対象とした研修を引き続き行う。さらに、土砂災害特別警戒区域における要配慮者

利用施設の開発の許可制等を通じて高齢者等の安全が確保されるよう、土砂災害防止法に基づき区域指定の促進を図る。

住宅火災で亡くなる高齢者等の低減を図るため、春・秋の全国火災予防運動において、高齢者等の要配慮者の把握や安全対策等に重点を置いた死者発生防止対策を推進項目とするとともに、住宅用火災警報器や防炎品、住宅用消火器の普及促進等総合的な住宅防火対策を推進する。また、「敬老の日に『火の用心』の贈り物」をキャッチフレーズとする「住宅防火・防災キャンペーン」を実施し、高齢者等に対して住宅用火災警報器等の普及促進を図る。

災害情報を迅速かつ確実に伝達するため、全国瞬時警報システム（Jアラート）との連携を含め、防災行政無線による放送（音声）や緊急速報メールによる文字情報等の種々の方法を組み合わせて、災害情報伝達手段の多重化を引き続き推進する。

山地災害からの生命の安全の確保に向け、要配慮者利用施設に隣接する山地災害危険地区等について、情報提供等のソフト対策と治山施設の設置等を一体的に実施する。

災害時に自ら避難することが困難な高齢者などの避難行動要支援者への支援については、「災害対策基本法」、「避難行動要支援者の避難行動支援に関する取組指針」を踏まえ、市町村による避難行動要支援者名簿や個別避難計画の作成・更新、活用等の取組が促進されるよう、適切に助言を行う。

エ　東日本大震災への対応

東日本大震災に対応して、復興の加速化を図るため、被災した高齢者施設等の復旧に係る施設整備について、関係地方公共団体との調整を行う。

「地域医療介護総合確保基金」等を活用し、日常生活圏域で医療・介護等のサービスを一体的・継続的に提供する「地域包括ケア」の体制を整備するため、都道府県計画等に基づき、地域密着型サービス等、地域の実情に応じた介護サービス提供体制の整備を促進するための支援を行う。

あわせて、介護保険制度において、被災者を経済的に支援する観点から、東京電力福島第一原子力発電所事故に伴う帰還困難区域等、上位所得者層を除く旧避難指示区域等（平成25年度以前に指定が解除された旧緊急時避難準備区域等（特定避難勧奨地点を含む。）、平成26年度に指定が解除された旧避難指示解除準備区域等（田村市の一部、川内村の一部及び南相馬市の特定避難勧奨地点）、平成27年度に指定が解除された旧避難指示解除準備区域（楢葉町の一部）、平成28年度に解除された旧居住制限区域等（葛尾村の一部、川内村の一部、南相馬市の一部、飯舘村の一部、川俣町の一部及び浪江町の一部）、平成29年度に指定が解除された旧居住制限区域等（富岡町の一部）及び令和元年度に指定が解除された旧帰還困難区域等（大熊町の一部、双葉町の一部及び富岡町の一部））の住民について、介護保険の利用者負担や保険料の減免を行った保険者に対する財政支援を1年間継続する。

また、避難指示区域等の解除に伴い、福祉・介護サービスの提供体制を整えるため、介護施設等への就労希望者に対する就職準備金の貸付け、相双地域から福島県内外の養成施設に入学する者への支援等や全国の介護施設等からの応援職員の確保に対する支援を行うとともに、介護施設等の経営強化等の支援を行う。

法テラスでは、震災により、経済的・精神的に不安定な状況に陥っている被災者を支援する

ため、コールセンターや被災地出張所等における業務の適切な運用を行う等、生活再建に役立つ法制度等の情報提供及び民事法律扶助を実施する。

（4）成年後見制度の利用促進

認知症高齢者等の財産管理や契約に関し本人を支援する成年後見制度について周知する。

成年後見制度は、認知症、知的障害その他の精神上の障害があることにより財産の管理又は日常生活等に支障がある者を支える重要な手段であり、その利用の促進に関する施策を総合的かつ計画的に推進するため、「成年後見制度の利用の促進に関する法律」に基づき、令和4年3月に「第二期成年後見制度利用促進基本計画」を閣議決定している。同計画に基づき、成年後見制度等の見直しに向けた検討、総合的な権利擁護支援策の充実、成年後見制度の運用改善等、権利擁護支援の地域連携ネットワークづくりに積極的に取り組む。

5 研究開発・国際社会への貢献等

（1）先進技術の活用及び高齢者向け市場の活性化

公的保険外の予防・健康管理サービス等の振興及び社会実装に向けた取組を、需要側・供給側の両面から一体的に進めていく。具体的には、需要面においては企業等の健康投資・健康経営を促すため、健康経営顕彰制度等を通じて健康経営の普及促進を図るとともに、資本市場等において健康経営が適切に評価されるために必要な環境整備について検討する。供給面においては、品質評価の向上に向けた業界自主ガイドライン等の策定支援や、「地域版次世代ヘルスケア産業協議会」の活動促進等の推進を図る。ま

た、ヘルスケア分野のベンチャー企業等のためのワンストップ相談窓口として令和元年7月に開設した「Healthcare Innovation Hub」を通じて、イノベーション創出に向けた事業化支援やネットワーキング支援等を行う。

高齢者事故対策や移動支援等の諸課題の解決に向け、高齢者事故防止を目的とした安全運転支援機能の普及啓発及び導入促進や、自動運転の高度化や自動運転サービスの全国展開に向けた取組を推進するほか、本格導入に移行した道の駅等を拠点とした自動運転サービスの知見を踏まえた、地方公共団体の自動運転を活用したまちづくりの計画的な取組を支援する。

さらに、介護事業所におけるICT化を全国的に普及促進するため、ICT機器等の導入費用に対する助成を行うとともに、介護事業所間及び介護事業所と医療機関間の情報連携を推進するためのデータ連携標準仕様の実装、利活用に向けた取組を推進する。

加えて、介護ロボットについては、令和4年度も引き続き、開発・普及の加速化を図るため、①ニーズ側・シーズ側の一元的な相談窓口の設置、②開発実証のアドバイス等を行うリビングラボのネットワークの構築、③介護現場における大規模実証フィールドの整備により、介護ロボットの開発・実証・普及のプラットフォームを整備する。

（2）研究開発等の推進と基盤整備
ア 高齢者に特有の疾病及び健康増進に関する調査研究等

高齢者の健康保持等に向けた取組を一層推進するため、ロコモティブ・シンドローム（運動器症候群）、要介護状態になる要因の一つである認知症等に着目し、それらの予防、早期診断及び治療技術等の確立に向けた研究を推進する。

高齢者の主要な死因であるがんの対策は、「がん予防」、「がん医療の充実」、「がんとの共生」の3つを柱とした第3期がん対策推進基本計画に基づき、がんゲノム医療の推進や希少がん、難治性がん対策の充実、がん患者の就労支援の推進等、総合的ながん対策を進めている。がん研究については、平成31年4月に中間評価を行った「がん研究10か年戦略」に基づき、がん対策推進基本計画に明記されている政策課題の解決に向けた政策提言に資することを目的とした調査研究等に加えて、革新的な診断法や治療法を創出するため、低侵襲性診断技術や早期診断技術の開発、新たな免疫療法に係る研究等について、戦略的に研究開発を推進する。また、QOLの維持向上の観点を含めた高齢のがん患者に適した治療法等を確立する研究を進める。

さらに、次世代がん医療創生の加速化に向けて、がんの生物学的な本態解明に迫る研究、がんゲノム情報等患者の臨床データに基づいた研究及びこれらの融合研究を引き続き推進する。

イ 医療・リハビリ・介護関連機器等に関する研究開発

高齢者等の自立や社会参加の促進及び介護者の負担の軽減を図るためには、高齢者等の特性を踏まえた福祉用具や医療機器等の研究開発を行う必要がある。

福祉や医療に対するニーズの高い研究開発を効率的に実施するためのプロジェクトの推進、福祉用具・医療機器の民間やアカデミアによる開発の支援等を行う。

「福祉用具の研究開発及び普及の促進に関する法律」に基づき、福祉用具の実用化開発を行う事業者に対する助成や、研究開発及び普及のために必要な情報の収集・分析及び提供を実施する。

日本が強みを持つロボット技術や診断技術等を活用して、低侵襲の治療装置や早期に疾患を発見する診断装置等、世界最先端の革新的な医療機器・システムの開発・実用化を推進する。さらに、日本で生み出された基礎研究の成果等を活用し、高齢者に特徴的な疾病等の治療や検査用の医療機器、遠隔や在宅でも操作しやすい医療機器の研究開発・実用化を推進する。また、関係各省や関連機関、企業、地域支援機関が連携し、開発初期段階から事業化に至るまで、切れ目なく支援する「医療機器開発支援ネットワーク」を通じて、異業種参入も念頭に、中小企業と医療機関等との医工連携により、医療現場が抱える課題を解決する医療機器の開発・事業化を引き続き推進する。こうした事業を国立研究開発法人日本医療研究開発機構を通じて実施する。

ウ 情報通信の活用等に関する研究開発

高齢者等が情報通信の利便を享受できる情報バリアフリー環境の整備を図るため、引き続き、高齢者等向けの通信・放送サービスに関する技術の研究開発を行う者に対する助成を行う。

エ 医療・介護・健康分野におけるICT利活用の推進

認知症の行動・心理症状（BPSD）の発症について、IoT機器を活用し、AIで事前に予測し介護者に通知するシステムの開発といった医療等分野における先導的なICT利活用の研究開発を引き続き実施する。

オ 高齢社会対策の総合的な推進のための調査分析

高齢社会対策総合調査として、高齢社会対策の施策分野別にテーマを設定し、高齢者の意識

やその変化を把握している。令和4年度は、高齢者の健康に関する調査を実施する。

また、国立研究開発法人科学技術振興機構が実施する社会技術研究開発事業において、高齢者の個別化したデータに基づく健康寿命延伸を実現するモデルを構築する等、技術シーズも活用しつつ高齢化社会の課題を解決するための研究者と関与者との協働による社会実験を含む研究開発を推進する。

カ　データ等活用のための環境整備

急速な人口構造の変化等に伴う諸課題に対応するため、「デジタル社会の実現に向けた重点計画」（令和3年12月閣議決定）に基づき、官民データの利活用を推進する。

「統計等データの提供等の判断のためのガイドライン」に基づき、各府省庁による統計等データの提供等が円滑に行われるようEBPM推進委員会において必要な調整を行うとともに、統計等データの提供等に関するユーザーからの要望・提案募集及び受領した要望・提案への対応を引き続き実施する等、ユーザー視点に立った統計システムの再構築と利活用の促進を図る。

（3）諸外国との知見や課題の共有
ア　日本の知見の国際社会への展開

我が国は、G7、G20、TICAD、国連総会等の国際的な議論の場において、UHC推進を積極的に主張してきた。UHCにおける基礎的な保健サービスには、母子保健、感染症対策、高齢者の地域包括ケアや介護等、全てのサービスが含まれている。世界的な人口高齢化が加速する中で、新型コロナウイルス感染症を含む高齢者に対する様々なリスクに対し、高齢者が身体的・精神的健康を享受する権利を守るために、今後も、高齢化対策や社会保障制度整備の支援、専門家の派遣、研修等の取組を通じて、日本の経験・技術・知見を活用した協力を引き続き行っていく。

アジア健康構想及びアフリカ健康構想に基づき、各国とのヘルスケア分野における協力覚書の作成等を通じ、事業ベースでの一層の協力に向けた環境整備の推進に向け、引き続き具体的な検討及び取組を進めていく。

イ　国際社会での課題の共有及び連携強化

WHO主導によって令和2（2020）年に開始されたDecade of Healthy Ageing（健康な高齢化の10年）（注：令和2（2020）年12月には国連総会で同10年に関する決議が日本とチリの主導で採択された）は、人々と家族、そして地域社会が健康的に歳を重ねるために、高齢者・家族・コミュニティに焦点を当て、ライフコース・アプローチによって取り組むものである。各国政府のリーダーシップのもと、多分野におけるマルチステイクホルダーの関与・連携を進めることが期待される中、我が国はWHOやUNFPAなどの国際機関とも協働しながら、その知見を共有し、国際社会の連携強化を目指していく。

締結済のヘルスケア分野における協力覚書に基づき、相手国と確認した事項を一層深化・推進していくこととし、またその他の国々とも、このようなアジア健康構想・アフリカ健康構想に基づく協力の推進に向けた取組を行っていく。我が国が培ってきた高齢者施策の知見・経験をアジア各国へ共有するため、自立支援に資する介護を実践する介護施設とその取組を紹介するための事例集の作成を進めていく。

引き続き、国際会議等の二国間・多国間の枠組みを通じて、高齢化に関する日本の経験や知見及び課題を発信するとともに、高齢社会に伴

う課題の解決に向けて諸外国と政策対話や取組を進めていく。

6　全ての世代の活躍推進

　誰もが活躍できる一億総活躍社会の実現に向けて、「ニッポン一億総活躍プラン」に基づく取組を推進する。特に、働き方については、一人一人の意思や能力、個々の事情に応じた多様で柔軟な働き方を選択できるよう、「働き方改革実行計画」を推進する。

　さらに、「少子化社会対策基本法」第7条に基づく「少子化社会対策大綱」等に基づき、結婚支援、妊娠・出産への支援、男女ともに仕事と子育てを両立できる環境の整備、地域・社会による子育て支援、経済的な支援等、ライフステージに応じた総合的な少子化対策を推進する。

　また、「男女共同参画社会基本法」第13条に基づく「第5次男女共同参画基本計画」に基づき、あらゆる分野における女性の参画拡大、安全・安心な暮らしの実現、男女共同参画社会の実現に向けた基盤の整備等に取り組むとともに、同計画に定めた具体策や成果目標の実現に向けて、重点的に取り組むべき事項について取りまとめた「女性活躍・男女共同参画の重点方針2022」（女性版骨太の方針）を策定し、取組を強力に進めていく。

　また、女性活躍に関する一般事業主行動計画の策定及び情報公表の義務の対象拡大や情報公表の強化を盛り込んだ、改正後の女性活躍推進法（令和2年6月1日施行。ただし、対象拡大については令和4年4月1日施行）の着実な履行確保を図る。

　また、女性の活躍推進に関する状況が優良な企業に対する「えるぼし」認定、「プラチナえ

るぼし」認定取得の勧奨等により、一般事業主の女性活躍推進法に基づく取組を促進する。

　これらの取組に加えて、引き続き女性活躍推進法の実効性確保を図るため、策定された一般事業主行動計画に沿って適切に取組が行われるよう助言等を行っていくとともに、「民間企業における女性活躍促進事業」により行動計画に定められた目標の達成等に向けた事業主の取組を支援する。

　さらに、企業の女性の活躍状況に関する情報や行動計画を公表できる場として提供している「女性の活躍推進企業データベース」について、データベース登録のメリットをPRすることで企業の登録を促すとともに、学生や女性求職者の活用を促す。

　また、女性デジタル人材の育成や役員・管理職への女性登用の取組や、様々な課題・困難を抱える女性に寄り添いながら就労等につなげる取組、NPO等の知見を活用した困難や不安を抱える女性への相談支援やその一環として行う生理用品の提供等について、地域女性活躍推進交付金等により支援を行う。

　「食料・農業・農村基本計画」等を踏まえ、農山漁村に関する方針決定の検討の場への女性の参画の促進、地域のリーダーとなり得る女性農業経営者の育成、女性グループの活動、女性が働きやすい環境づくり、女性農業者の活躍事例の普及の取組への支援等により、農山漁村における女性活躍を推進する施策を実施する。

高齢社会対策関係予算分野別総括表（令和３年度、令和４年度）

事　　　項	令和３年度予算額	令和４年度予算額	対前年度増△減額
	百万円	百万円	百万円
1　就業・所得	13,174,627 (51,100,960) 〈 0 〉	13,224,305 (51,743,669) 〈 0 〉	49,678 (642,709) 〈 0 〉
（1）エイジレスに働ける社会の実現に向けた環境整備	7,382 (237,174) 〈 0 〉	7,353 (224,295) 〈 0 〉	△ 29 (△ 12,878) 〈 0 〉
（2）公的年金制度の安定的運営	13,167,235 (50,856,220) 〈 0 〉	13,216,941 (51,511,889) 〈 0 〉	49,706 (655,669) 〈 0 〉
（3）資産形成等の支援	10 (7,566) 〈 0 〉	10 (7,484) 〈 0 〉	0 (△ 82) 〈 0 〉
2　健康・福祉	9,472,205 (12,327) 〈 0 〉	9,705,266 (11,258) 〈 0 〉	233,061 (△ 1,069) 〈 0 〉
（1）健康づくりの総合的推進	5,241 (0) 〈 0 〉	5,059 (0) 〈 0 〉	△ 182 (0) 〈 0 〉
（2）持続可能な介護保険制度の運営	3,365,132 (0) 〈 0 〉	3,476,102 (0) 〈 0 〉	110,970 (0) 〈 0 〉
（3）介護サービスの充実	1,424 (12,327) 〈 0 〉	1,412 (11,258) 〈 0 〉	△ 12 (△ 1,069) 〈 0 〉
（4）持続可能な高齢者医療制度の運営	6,098,085 (0) 〈 0 〉	6,220,361 (0) 〈 0 〉	122,276 (0) 〈 0 〉
（5）認知症高齢者支援施策の推進	2,205 (0) 〈 0 〉	2,230 (0) 〈 0 〉	25 (0) 〈 0 〉
（6）人生の最終段階における医療の在り方	118 (0) 〈 0 〉	103 (0) 〈 0 〉	△ 15 (0) 〈 0 〉
（7）住民等を中心とした地域の支え合いの仕組み作りの促進	— (0) 〈 0 〉	— (0) 〈 0 〉	— (0) 〈 0 〉
3　学習・社会参加	18,049 (—) 〈 0 〉	19,912 (—) 〈 0 〉	1,862 (—) 〈 0 〉
（1）学習活動の促進	8,069 (0) 〈 0 〉	9,841 (0) 〈 0 〉	1,772 (0) 〈 0 〉
（2）社会参加活動の促進	9,980 (—) 〈 0 〉	10,070 (—) 〈 0 〉	90 (—) 〈 0 〉
4　生活環境	3,364 (—) 〈 — 〉	3,327 (—) 〈 — 〉	△ 37 (—) 〈 — 〉
（1）豊かで安定した住生活の確保	24 (0) 〈 0 〉	20 (0) 〈 0 〉	△ 4 (0) 〈 0 〉
（2）高齢者に適したまちづくりの総合的推進	1,740 (—) 〈 0 〉	1,708 (—) 〈 0 〉	△ 31 (—) 〈 0 〉
（3）交通安全の確保と犯罪、災害等からの保護	404 (0) 〈 0 〉	384 (0) 〈 0 〉	△ 20 (0) 〈 0 〉
（4）成年後見制度の利用促進	1,197 (0) 〈 0 〉	1,216 (0) 〈 0 〉	18 (0) 〈 0 〉
5　研究開発・国際社会への貢献等	7,939 (0) 〈 0 〉	6,620 (0) 〈 0 〉	△ 1,319 (0) 〈 0 〉
（1）先進技術の活用及び高齢者向け市場の活性化	— (0) 〈 0 〉	— (0) 〈 0 〉	— (0) 〈 0 〉
（2）研究開発等の推進と基盤整備	7,935 (0) 〈 0 〉	6,618 (0) 〈 0 〉	△ 1,317 (0) 〈 0 〉
（3）諸外国との知見や課題の共有	4 (0) 〈 0 〉	3 (0) 〈 0 〉	△ 1 (0) 〈 0 〉
6　全ての世代の活躍推進	15,049 (2,088,910) 〈 0 〉	14,983 (2,089,332) 〈 0 〉	△ 66 (422) 〈 0 〉
（1）全ての世代の活躍推進	15,049 (2,088,910) 〈 0 〉	14,983 (2,089,332) 〈 0 〉	△ 66 (422) 〈 0 〉
総　　　計	22,691,233 (53,202,197) 〈 — 〉	22,974,413 (53,844,259) 〈 — 〉	283,180 (642,062) 〈 — 〉

高齢社会対策関係予算分野別総括表（令和2年度）

事　　　　　項	令和2年度当初予算額	令和2年度決算額
	百万円	百万円
1　就業・所得	12,991,613 (50,496,958) 《 0 》	12,881,839 (47,867,415) 《 0 》
（1）エイジレスに働ける社会の実現に向けた環境整備	7,303 (247,935) 《 0 》	7,805 (222,849) 《 0 》
（2）公的年金制度の安定的運営	12,984,300 (50,240,256) 《 0 》	12,874,034 (47,636,129) 《 0 》
（3）資産形成等の支援	10 (8,767) 《 0 》	0 (8,437) 《 0 》
2　健康・福祉	9,445,447 (17,890) 《 0 》	9,167,344 (10,338) 《 0 》
（1）健康づくりの総合的推進	4,992 (0) 《 0 》	746 (0) 《 0 》
（2）持続可能な介護保険制度の運営	3,287,843 (0) 《 0 》	2,994,372 (0) 《 0 》
（3）介護サービスの充実	5,194 (17,890) 《 0 》	7,651 (10,338) 《 0 》
（4）持続可能な高齢者医療制度の運営	6,141,427 (0) 《 0 》	6,162,784 (0) 《 0 》
（5）認知症高齢者支援施策の推進	2,013 (0) 《 0 》	1,722 (0) 《 0 》
（6）人生の最終段階における医療の在り方	100 (0) 《 0 》	69 (0) 《 0 》
（7）住民等を中心とした地域の支え合いの仕組み作りの促進	3,878 (0) 《 0 》	— (0) 《 0 》
3　学習・社会参加	17,592 (—) 《 0 》	10,709 (—) 《 0 》
（1）学習活動の促進	7,699 (0) 《 0 》	7,767 (0) 《 0 》
（2）社会参加活動の促進	9,893 (0) 《 0 》	2,942 (0) 《 0 》
4　生活環境	3,718 (—) 《 — 》	3,941 (—) 《 — 》
（1）豊かで安定した住生活の確保	— (0) 《 — 》	— (0) 《 — 》
（2）高齢者に適したまちづくりの総合的推進	1,812 (—) 《 0 》	3,032 (—) 《 0 》
（3）交通安全の確保と犯罪、災害等からの保護	327 (0) 《 0 》	143 (0) 《 0 》
（4）成年後見制度の利用促進	1,579 (0) 《 0 》	766 (0) 《 0 》
5　研究開発・国際社会への貢献等	2,215 (1,597) 《 0 》	65,686 (1,597) 《 0 》
（1）先進技術の活用及び高齢者向け市場の活性化	384 (0) 《 0 》	350 (0) 《 0 》
（2）研究開発等の推進と基盤整備	1,827 (1,597) 《 0 》	65,336 (1,597) 《 0 》
（3）諸外国との知見や課題の共有	4 (0) 《 0 》	— (0) 《 0 》
6　全ての世代の活躍推進	10,966 (2,161,918) 《 0 》	9,515 (2,000,600) 《 0 》
（1）全ての世代の活躍推進	10,966 (2,161,918) 《 0 》	9,515 (2,000,600) 《 0 》
総　　計	22,471,551 (52,678,363) 《 — 》	22,139,034 (49,879,950) 《 — 》

（注1）本予算は大綱の重点課題別項目に従い、一般会計、特別会計、財政投融資について整理している。
（注2）予算額における数字のみの記載は一般会計、（　）内は特別会計、《　》内は財政投融資を示す。
（注3）高齢社会対策分の予算額、決算額が特掲できないものについては、「—」として表示している。
（注4）端数処理（四捨五入）の関係で、計が一致しないことがある。

付　録

1　高齢社会対策基本法
（平成7年法律第129号）

2　高齢社会対策大綱について

付　録　1
高齢社会対策基本法（平成７年法律第129号）

　我が国は、国民のたゆまぬ努力により、かつてない経済的繁栄を築き上げるとともに、人類の願望である長寿を享受できる社会を実現しつつある。今後、長寿をすべての国民が喜びの中で迎え、高齢者が安心して暮らすことのできる社会の形成が望まれる。そのような社会は、すべての国民が安心して暮らすことができる社会でもある。

　しかしながら、我が国の人口構造の高齢化は極めて急速に進んでおり、遠からず世界に例を見ない水準の高齢社会が到来するものと見込まれているが、高齢化の進展の速度に比べて国民の意識や社会のシステムの対応は遅れている。早急に対応すべき課題は多岐にわたるが、残されている時間は極めて少ない。

　このような事態に対処して、国民一人一人が生涯にわたって真に幸福を享受できる高齢社会を築き上げていくためには、雇用、年金、医療、福祉、教育、社会参加、生活環境等に係る社会のシステムが高齢社会にふさわしいものとなるよう、不断に見直し、適切なものとしていく必要があり、そのためには、国及び地方公共団体はもとより、企業、地域社会、家庭及び個人が相互に協力しながらそれぞれの役割を積極的に果たしていくことが必要である。

　ここに、高齢社会対策の基本理念を明らかにしてその方向を示し、国を始め社会全体として高齢社会対策を総合的に推進していくため、この法律を制定する。

　　　　第一章　総則

　（目的）

第一条　この法律は、我が国における急速な高齢化の進展が経済社会の変化と相まって、国民生活に広範な影響を及ぼしている状況にかんがみ、高齢化の進展に適切に対処するための施策（以下「高齢社会対策」という。）に関し、基本理念を定め、並びに国及び地方公共団体の責務等を明らかにするとともに、高齢社会対策の基本となる事項を定めること等により、高齢社会対策を総合的に推進し、もって経済社会の健全な発展及び国民生活の安定向上を図ることを目的とする。

　（基本理念）

第二条　高齢社会対策は、次の各号に掲げる社会が構築されることを基本理念として、行われなければならない。

一　国民が生涯にわたって就業その他の多様な社会的活動に参加する機会が確保される公正で活力ある社会

二　国民が生涯にわたって社会を構成する重要な一員として尊重され、地域社会が自立と連帯の精神に立脚して形成される社会

三　国民が生涯にわたって健やかで充実した生活を営むことができる豊かな社会

　（国の責務）

第三条　国は、前条の基本理念（次条において

「基本理念」という。）にのっとり、高齢社会対策を総合的に策定し、及び実施する責務を有する。

（地方公共団体の責務）

第四条　地方公共団体は、基本理念にのっとり、高齢社会対策に関し、国と協力しつつ、当該地域の社会的、経済的状況に応じた施策を策定し、及び実施する責務を有する。

（国民の努力）

第五条　国民は、高齢化の進展に伴う経済社会の変化についての理解を深め、及び相互の連帯を一層強めるとともに、自らの高齢期において健やかで充実した生活を営むことができることとなるよう努めるものとする。

（施策の大綱）

第六条　政府は、政府が推進すべき高齢社会対策の指針として、基本的かつ総合的な高齢社会対策の大綱を定めなければならない。

（法制上の措置等）

第七条　政府は、この法律の目的を達成するため、必要な法制上又は財政上の措置その他の措置を講じなければならない。

（年次報告）

第八条　政府は、毎年、国会に、高齢化の状況及び政府が講じた高齢社会対策の実施の状況に関する報告書を提出しなければならない。

2　政府は、毎年、前項の報告に係る高齢化の状況を考慮して講じようとする施策を明らかにした文書を作成し、これを国会に提出しなければならない。

第二章　基本的施策

（就業及び所得）

第九条　国は、活力ある社会の構築に資するため、高齢者がその意欲と能力に応じて就業することができる多様な機会を確保し、及び勤

労者が長期にわたる職業生活を通じて職業能力を開発し、高齢期までその能力を発揮することができるよう必要な施策を講ずるものとする。

2　国は、高齢期の生活の安定に資するため、公的年金制度について雇用との連携を図りつつ適正な給付水準を確保するよう必要な施策を講ずるものとする。

3　国は、高齢期のより豊かな生活の実現に資するため、国民の自主的な努力による資産の形成等を支援するよう必要な施策を講ずるものとする。

（健康及び福祉）

第十条　国は、高齢期の健全で安らかな生活を確保するため、国民が生涯にわたって自らの健康の保持増進に努めることができるよう総合的な施策を講ずるものとする。

2　国は、高齢者の保健及び医療並びに福祉に関する多様な需要に的確に対応するため、地域における保健及び医療並びに福祉の相互の有機的な連携を図りつつ適正な保健医療サービス及び福祉サービスを総合的に提供する体制の整備を図るとともに、民間事業者が提供する保健医療サービス及び福祉サービスについて健全な育成及び活用を図るよう必要な施策を講ずるものとする。

3　国は、介護を必要とする高齢者が自立した日常生活を営むことができるようにするため、適切な介護のサービスを受けることができる基盤の整備を推進するよう必要な施策を講ずるものとする。

（学習及び社会参加）

第十一条　国は、国民が生きがいを持って豊かな生活を営むことができるようにするため、生涯学習の機会を確保するよう必要な施策を講ずるものとする。

２　国は、活力ある地域社会の形成を図るため、高齢者の社会的活動への参加を促進し、及びボランティア活動の基盤を整備するよう必要な施策を講ずるものとする。

（生活環境）

第十二条　国は、高齢者が自立した日常生活を営むことができるようにするため、高齢者に適した住宅等の整備を促進し、及び高齢者のための住宅を確保し、並びに高齢者の円滑な利用に配慮された公共的施設の整備を促進するよう必要な施策を講ずるものとする。

２　国は、高齢者が不安のない生活を営むことができるようにするため、高齢者の交通の安全を確保するとともに、高齢者を犯罪の被害、災害等から保護する体制を整備するよう必要な施策を講ずるものとする。

（調査研究等の推進）

第十三条　国は、高齢者の健康の確保、自立した日常生活への支援等を図るため、高齢者に特有の疾病の予防及び治療についての調査研究、福祉用具についての研究開発等を推進するよう努めるものとする。

（国民の意見の反映）

第十四条　国は、高齢社会対策の適正な策定及び実施に資するため、国民の意見を国の施策に反映させるための制度を整備する等必要な施策を講ずるものとする。

　　　第三章　高齢社会対策会議

（設置及び所掌事務）

第十五条　内閣府に、特別の機関として、高齢社会対策会議（以下「会議」という。）を置く。

２　会議は、次に掲げる事務をつかさどる。

一　第六条の大綱の案を作成すること。

二　高齢社会対策について必要な関係行政機関相互の調整をすること。

三　前二号に掲げるもののほか、高齢社会対策に関する重要事項について審議し、及び高齢社会対策の実施を推進すること。

（組織等）

第十六条　会議は、会長及び委員をもって組織する。

２　会長は、内閣総理大臣をもって充てる。

３　委員は、内閣官房長官、関係行政機関の長、内閣府設置法（平成十一年法律第八十九号）第九条第一項に規定する特命担当大臣及びデジタル大臣のうちから、内閣総理大臣が任命する。

４　会議に、幹事を置く。

５　幹事は、関係行政機関の職員のうちから、内閣総理大臣が任命する。

６　幹事は、会議の所掌事務について、会長及び委員を助ける。

７　前各項に定めるもののほか、会議の組織及び運営に関し必要な事項は、政令で定める。

　　　附　則　抄

（施行期日）

１　この法律は、公布の日から起算して三月を超えない範囲内において政令で定める日から施行する。

付　録　2

高齢社会対策大綱について

$\begin{bmatrix} \text{平成30年2月16日} \\ \text{閣　議　決　定} \end{bmatrix}$

　高齢社会対策基本法（平成7年法律第129号）第6条の規定に基づき、高齢社会対策大綱を別紙のとおり定める。

　これに伴い、「高齢社会対策の大綱について」（平成24年9月7日閣議決定）は、廃止する。

（別　紙）

第1　目的及び基本的考え方

1　大綱策定の目的

　我が国は世界有数の長寿国であるのみならず、高齢者[1]には高い就業意欲が見られ、体力や運動能力も一貫して向上傾向を示している。これらは雇用、教育、健康、社会保障などの分野における我が国のこれまでの諸施策も、また国民一人一人の取組も、成功裏に進められてきた証左であると言える。

　その一方、今後、我が国の高齢化はますます進行し、併せて総人口の減少も進むことが見込まれている。また、一人暮らし高齢者の一層の増加が見込まれ、生活面や福祉面などで様々な課題が生じ、性別や地域などによっても異なる対応を求められるようになる。さらに、地域コミュニティの希薄化、長寿化に伴う資産面健康面の維持など新たな課題も生じてくる。これまでの我が国の社会モデルが今後もそのまま有効である保証はなく、10年、20年先の風景を見据えて持続可能な高齢社会を作っていくことが必要である。

　こうしたなか、高齢者の体力的年齢は若くなっている。また、就業・地域活動など何らかの形で社会との関わりを持つことについての意欲も高い。65歳以上を一律に「高齢者」と見る一般的な傾向は、現状に照らせばもはや、現実的なものではなくなりつつある[2]。70歳やそれ以降でも、個々人の意欲・能力に応じた力を発揮できる時代が到来しており、「高齢者を支える」発想とともに、意欲ある高齢者の能力発揮を可能にする社会環境を整えることが必要である。一方で、全ての人が安心して高齢期を迎えられるような社会を作る観点からは、就業、介護、医療、まちづくり、消費、交通、居住、社会活動、生涯学習、世代間交流など様々な分野において十全な支援やセーフティネットの整備を図る必要があることは言うまでもない。また、AI（人工知能）などICT（情報通信技術）を始めとする技術革新が急速に進展している状況も踏まえれば、こうした社会づくりに当たって我が国の技術

---

[1]　「高齢者」の用語は文脈や制度ごとに対象が異なり、一律の定義がない。ここでは便宜上、一般通念上の「高齢者」を広く指す語として用いるが、主な主体は高齢期に特有の課題を抱える者全般を想定。

[2]　高齢者の定義と区分に関しては、日本老年学会から、「近年の高齢者の心身の健康に関する種々のデータを検討した結果、」「特に65〜74歳の前期高齢者においては、心身の健康が保たれており、活発な社会活動が可能な人が大多数を占めて」いることから、75〜89歳を「高齢者　高齢期」と区分することを提言したい、との発表が行われている（平成29年1月5日）。また、平成26年度の内閣府の調査では、「一般的に何歳頃から『高齢者』だと思うか」との問に、「70歳以上」もしくはそれ以上又は「年齢では判断できない」との答えが回答者の9割近くを占めた（高齢者の日常生活に関する意識調査（平成26年度）。調査対象は全国の60歳以上の男女6,000人。）。

革新の成果も充分に活用することが期待される。

　今後、我が国は、これまで経験したことのない人口減少社会、高齢社会に入っていく。人口の高齢化に伴って生ずる様々な社会的課題に対応することは、高齢層のみならず、若年層も含めた全ての世代が満ち足りた人生を送ることのできる環境を作ることを意味する。こうした認識に立って、各般にわたる取組を進めていくことが重要である。

　このため、高齢社会対策基本法[3]第6条の規定に基づき、政府が推進すべき基本的かつ総合的な高齢社会対策の指針として、この大綱を定める。

2　基本的考え方

　高齢社会対策は、高齢社会対策基本法第2条に掲げる次のような社会が構築されることを基本理念として行う。

① 国民が生涯にわたって就業その他の多様な社会的活動に参加する機会が確保される公正で活力ある社会

② 国民が生涯にわたって社会を構成する重要な一員として尊重され、地域社会が自立と連帯の精神に立脚して形成される社会

③ 国民が生涯にわたって健やかで充実した生活を営むことができる豊かな社会

　これらの社会の構築に向け、以下に掲げる3つの基本的考え方に則り、高齢社会対策を進める。

（1）年齢による画一化を見直し、全ての年代の人々が希望に応じて意欲・能力をいかして活躍できるエイジレス社会を目指す。

　65歳以上を一律に「高齢者」と見る一般的

な傾向が現実的なものでなくなりつつあることを踏まえ、年齢区分で人々のライフステージを画一化することを見直すことが必要である。年齢や性別にかかわらず、個々人の意欲や能力に応じた対応を基本とする必要がある。また、高齢社会化は、高齢者のみの問題として捉えるべきではない。全世代による全世代に適した持続可能なエイジレス社会の構築を進めながら、誰もが安心できる「全世代型の社会保障」への転換も見据え、全ての人が社会保障の支え手であると同時に社会保障の受益者であることを実感できる制度の運営を図る。

　こうしたなか、寿命の延伸とともに、「教育・仕事・老後」という単線型の人生を送るのではなく、ライフスタイルの多様化が進む時代であることから、高齢社会への関わり及び自身の生涯設計について、若年期からの意識の向上が求められる。その上で、高齢社会の各主体が担うべき役割を明確にしていく中で、高齢者にとって、その知識や経験など高齢期ならではの強みをいかすことのできる社会を構築していくことが重要である。

（2）地域における生活基盤を整備し、人生のどの段階でも高齢期の暮らしを具体的に描ける地域コミュニティを作る。

　人生のどの段階でも高齢期の暮らしを具体的に描くことができ、最後まで尊厳を持って暮らせるような人生を、全ての人に可能にする社会とすることが重要である。

　経済社会の発展による都市部での人の出入りの活発化、人口減少が進む地方での過疎化の進行等により、地域での触れ合いや助け合

[3] 高齢社会対策基本法（平成7年法律第129号）

いの機会が減少している。人はライフステージとともに、例えば子育て、疾病、介護の場面で孤立を抱えることもある。また、離別・死別なども生じることもある。65歳以上の一人暮らし高齢者の増加は男女ともに顕著となっている。今後は、多世代間の協力拡大や社会的孤立の防止に留意しつつ、地域包括ケアシステムの推進、住居確保、移動支援等に対する一層の取組により、高齢者が安全・安心かつ豊かに暮らせるコミュニティづくりを進めていくことが重要である。

また、高齢社会を理解する力を養い、長寿化のリスク面に備える観点からは、社会保障に関する教育等を通じて支え合いの意義に関する個々人の意識も高めていく必要がある。

（3）技術革新の成果 [4] が可能にする新しい高齢社会対策を志向する。

高齢者が自らの希望に応じて十分に能力が発揮できるよう、その支障となる問題（身体・認知能力、各種仕組み等）に対し、新技術が新たな視点で解決策をもたらす可能性に留意し、従来の発想を超えて環境整備や新技術の活用を進めることを含め、その問題を克服するための方策を検討することも重要である。また、こうした目的での技術革新の活用に多世代が参画して、それぞれの得意とする役割を果たすよう促すことが必要である。

こうした観点から産業界が担う役割は大きい。高齢社会に伴う新たな課題に産業界が応えることによって、全ての世代にとっての豊かな社会づくりが実現されるとともに、産業界自身の一層の発展の機会につながり得ると考える。政府はこの観点から産業界の参画しやすいよう、環境づくりに配意することが求められる。

こうした取組に当たり、官民データの利活用等により高齢社会の現況を適切に把握し、エビデンスに基づく政策形成を行う必要がある。

第2　分野別の基本的施策

上記の高齢社会対策の推進の基本的考え方を踏まえ、就業・所得、健康・福祉、学習・社会参加、生活環境、研究開発・国際社会への貢献等、全ての世代の活躍推進の分野別の基本的施策に関する中期にわたる指針を次のとおり定め、これに沿って施策の展開を図るものとする。

1　就業・所得

少子高齢化が急速に進展し人口が減少する中、経済社会の活力を維持するため、全ての年代の人々がその特性・強みをいかし、経済社会の担い手として活躍できるよう環境整備を図る。

現在の年金制度に基づく公的年金の支給開始年齢の引上げ等を踏まえ、希望者全員がその意欲と能力に応じて65歳まで働けるよう安定的な雇用の確保を図る。また、65歳を超えても、70代を通じ、またそもそも年齢を判断基準とせず、多くの者に高い就業継続意欲が見られる現況を踏まえ、年齢にかかわりなく希望に応じて働き続けることができる

---

[4]　政府では、"Society 5.0"、すなわち、「サイバー空間の積極的な利活用を中心とした取組を通して、新しい価値やサービスが次々と創出され、人々に豊かさをもたらす、狩猟社会、農耕社会、工業社会、情報社会に続く人類史上5番目の社会」の実現に取り組むこととしている（経済財政運営と改革の基本方針2017、平成29年6月9日）。

よう雇用・就業環境の整備を図るとともに、社会保障制度についても、こうした意欲の高まりを踏まえた柔軟な制度となるよう必要に応じて見直しを図る。

勤労者が、高齢期にわたり職業生活と家庭や地域での生活とを両立させつつ、職業生活の全期間を通じて能力を有効に発揮することができるよう、職業能力の開発や多様な働き方を可能にする施策を推進する。

職業生活からの引退後の所得については、国民の社会的連帯を基盤とする公的年金を中心とし、これに企業による従業員の高齢期の所得確保の支援や個人の自助努力にも留意し、企業年金、退職金、個人年金等の個人資産を適切に組み合わせた資産形成を促進する。さらに資産の運用等を含めた資産の有効活用が計画的に行われるよう環境整備を図る。

（1）エイジレスに働ける社会の実現に向けた環境整備

ア 多様な形態による就業機会・勤務形態の確保

高齢期は、個々の労働者の健康・意欲・体力等に個人差があり、雇用就業形態や労働時間等についてのニーズが多様化することから、多様な雇用・就業ニーズに応じた環境整備を行うことにより雇用・就業機会の確保を図る。あわせて、どのような雇用形態を選択しても納得が得られる処遇を受けられ、多様な働き方を自由に選択できる環境も整備する。特に、ICTを活用したテレワークは、時間や場所を有効に活用できる柔軟な働き方であり、テレワークの一層の普及拡大に向け、環境整備、普及啓発等を推進する。

また、退職後に、臨時的・短期的又は軽易な就業等を希望する高齢者等に対して、地域の日常生活に密着した仕事を提供するシルバー人材センター事業を推進する。さらに、地方公共団体が中心となって、シルバー人材センター、事業主団体、労働者団体など地域の様々な機関と連携して高齢者の就業機会を創る取組を推進する。

その他、労働者が様々な変化に対応しつつキャリア形成を行い、高齢期に至るまで職業生活の充実を図ることができるよう、必要な情報を提供するとともに、事業主による援助を促進する。副業・兼業については、労働者の健康確保に留意しつつ、普及促進を図る。

イ 高齢者等の再就職の支援・促進

ハローワークに生涯現役支援窓口を設置し、多様な技術・経験を有する高齢求職者が、幅広く社会に貢献できるよう、職業生活の再設計に係る支援や支援チームによる就労支援を行うほか、職業能力開発、求人開拓、雇用情報提供等を実施する。

また、地域における高齢者の就業促進に当たり、地方公共団体の意向を踏まえつつ、都道府県労働局と地方公共団体が一体となって地域の雇用対策に取り組むための雇用対策協定の活用を図る。

ウ 高齢期の起業の支援

高齢期に自らの職業経験を活用すること等により、高齢者が事業を創出し、継続的な就業機会の確保ができるよう、起業の意欲を有する高齢者に対して、起業に伴う各種手続等の相談や日本政策金融公庫の融資を含めた資金調達等の支援を行う。

エ 知識、経験を活用した高齢期の雇用の確保

生涯現役社会の実現に向けて、65歳ま

での定年延長や65歳以降の継続雇用延長を行う企業への支援を充実させる。あわせて、職業能力の開発及び向上、賃金・人事処遇制度の見直し、その他諸条件の整備に係る相談・援助などを実施するとともに、高齢者の雇用に関する各種助成制度や給付制度等の有効な活用を図る。

加齢に伴う身体機能の変化を考慮して、安全と健康確保に配慮した働きやすい快適な職場づくり及び健康確保対策を推進する。

また、公務員の定年の引上げについては、高齢期の職員の知識、経験の一層の活用等の観点から、組織活力の維持、総人件費の在り方などの点も含め、人事院の協力も得つつ、具体的な検討を進める。

オ　勤労者の職業生活の全期間を通じた能力の開発

職業生涯の長期化や働き方の多様化等が進む中、勤労者がその人生において、必要な学び直しを行いライフスタイルに応じたキャリア選択を行うことができるよう、人生100年時代を見据え、リカレント教育の抜本的な拡充等、誰もが幾つになっても、新たな活躍の機会に挑戦できるような環境整備について、検討する。

また、勤労者の段階的・体系的な職業能力の開発・向上を促進し、人材の育成・確保や労働生産性の向上につなげるため、職業訓練の実施や職業能力の「見える化」のみならず、個々人に合った職業生涯を通じたキャリア形成支援を推進する。

カ　ゆとりある職業生活の実現等

就業・労働時間等に関する事項について、「仕事と生活の調和（ワーク・ライフ・バランス）憲章」及び「仕事と生活の調和

推進のための行動指針」（平成19年12月18日仕事と生活の調和推進官民トップ会議決定、平成28年3月改定）等を踏まえ、高齢者も含めた全ての労働者の仕事と生活の調和（ワーク・ライフ・バランス）の実現を図る。

（2）公的年金制度の安定的運営

ア　持続可能で安定的な公的年金制度の運営

公的年金制度については、平成16年の制度改正以来、急速に進行する少子高齢化を見据えて、将来にわたり年金制度を持続的で安心できるものとするため、給付と現役世代の負担の両面にわたる見直しを実施し、上限を決めた上での保険料の引上げや、マクロ経済スライドによって年金の給付水準を自動的に調整する新たな年金財政の仕組みを構築してきた。

基礎年金国庫負担の2分の1への引上げに続き、予定されていた保険料の引上げが完了したことにより、収入面では、こうした年金財政の仕組みが完成をみたことを踏まえ、今後は、決められた収入の範囲内で、年金の給付水準を確保すべく、長期的視点に立って年金制度を運営していく。

イ　高齢期における職業生活の多様性に対応した年金制度の構築

年金の受給開始時期は、現在、60歳から70歳までの間で個人が自由に選べる仕組みとなっている。このうち65歳より後に受給を開始する繰下げ制度について、積極的に制度の周知に取り組むとともに、70歳以降の受給開始を選択可能とするなど、年金受給者にとってより柔軟で使いやすいものとなるよう制度の改善に向けた検討を行う。

155

また、在職老齢年金については、高齢期における多様な就業と引退への移行に弾力的に対応する観点から、年金財政に与える影響も考慮しつつ、制度の在り方について検討を進める。

ウ　働き方に中立的な年金制度の構築

　働きたい人が働きやすい環境を整えるとともに、短時間労働者に対する年金などの保障を厚くする観点から、短時間労働者の就労実態や企業への影響等を勘案しつつ、更なる被用者保険の適用拡大に向けた検討を着実に進める。

(3) 資産形成等の支援

ア　資産形成等の促進のための環境整備

　私的年金制度は公的年金の上乗せの年金制度として、公的年金を補完し、個人や企業などの自助努力により、高齢期の所得確保を支援する重要な役割を担っている。個人型確定拠出年金（iDeCo）について加入者範囲の拡大等や中小企業が利用しやすい制度の導入の周知等を行うとともに、確定給付企業年金についてリスク分担型企業年金制度等の周知等を行うことにより、私的年金制度の普及・充実を図る。

　また、退職金制度が老後の所得保障として果たす役割は依然として大きいことに鑑み、独力では退職金制度を持つことが困難な中小企業等を対象とした中小企業退職金共済制度の普及促進を図る。

　ゆとりある高齢期の生活を確保するためには計画的に資産形成を進めることが重要であることから、上記の諸制度に加え、つみたてNISA（少額投資非課税制度）等の普及や利用促進を図るとともに、勤労者が資産形成を開始するきっかけが身近な場で

得られるよう、職場環境の整備を促進する。特に、地方公共団体や企業における取組を促していく等の観点から、まずは国家公務員がつみたてNISA等を広く活用するよう、「職場つみたてNISA」等の枠組みを導入し、積極的なサポートを行うなど、政府として率先して取組を進める。

イ　資産の有効活用のための環境整備

　高齢期に不安なくゆとりある生活を維持していくためには、それぞれの状況に適した資産の運用と取崩しを含めた資産の有効活用が計画的に行われる必要がある。このため、それにふさわしい金融商品・サービスの提供の促進を図る。あわせて、住み替え等により国民の住生活を充実させることで高齢期の不安が緩和されるよう、住宅資産についても有効に利用できるようにする。また、低所得の高齢者世帯に対して、居住用資産を担保に生活資金を貸し付ける制度として、都道府県社会福祉協議会が実施している不動産担保型生活資金の貸与制度の活用の促進を図る。

　高齢投資家の保護については、フィナンシャル・ジェロントロジー（金融老年学）の進展も踏まえ、認知能力の低下等の高齢期に見られる特徴への一層の対応を図る。

2　健康・福祉

　高齢期に健やかで心豊かに生活できる活力ある社会を実現し、長寿を全うできるよう、個人間の健康格差をもたらす地域・社会的要因にも留意しつつ、生涯にわたる健康づくりを総合的に推進する。

　今後の高齢化の進展等を踏まえ、地域包括ケアシステムの一層の推進を図るとともに、認知症を有する人が地域において自立した生

活を継続できるよう支援体制の整備を更に推進する。また、家族の介護を行う現役世代にとっても働きやすい社会づくりのため、介護の受け皿整備や介護人材の処遇改善等の「介護離職ゼロ」に向けた取組を推進する。

高齢化の進展に伴い医療費・介護費の増加が見込まれる中、国民のニーズに適合した効果的なサービスを効率的に提供し、人口構造の変化に対応できる持続可能な医療・介護保険制度を構築する。また、人生の最終段階における医療について国民全体で議論を深める。

（1）健康づくりの総合的推進

ア　生涯にわたる健康づくりの推進

健康づくりのための国民運動である「健康日本21（第2次）」において設定されている目標達成に向けた取組等により、生涯を通じた健康増進を図り、健康寿命の延伸を目指す。そのため、企業、団体、地方公共団体に対し、相互に協力・連携しながら、従業員、構成員、地域住民等が自発的に健康づくりに参画することができる取組の実施を促す。さらに、学校保健との連携などライフステージを通じた取組を推進する。また、医療保険者による特定健康診査・特定保健指導の着実な実施や、データヘルス計画に沿った取組など、加入者の予防健康づくりの取組を推進していくとともに、糖尿病を始めとする生活習慣病の重症化予防の先進的な事例の横展開を進める。

国民が生涯にわたり心身ともに健康な生活を営む基盤として、国民の誰もが日常的にスポーツに親しむ機会を充実することにより、高齢期も含めたライフステージに応じたスポーツ活動を推進する。2020年東京オリンピック・パラリンピック競技大会の開催に当たっては、これを弾みとして、スポーツ・運動を通じた個人の主体的な健康増進の取組を促進することにより、健康寿命の延伸を目指す。

高齢期の健全な食生活の確保にも資するよう、子供から成人、高齢者に至るまで、生涯を通じた食育の取組を推進する。その際、単独世帯の増加など家庭生活の状況が多様化する中で、地域や関係団体の連携・協働を図りつつ、コミュニケーションや豊かな食体験にもつながる共食の機会の提供等を行う取組を推進する。

イ　介護予防の推進

高齢者の自立支援と生活の質の向上を目指すために、リハビリテーションの理念を踏まえた介護予防を推進する。心身機能の向上に加え、地域活動への参加を促すために、住民主体の「通いの場」を設置し、それらを活用しながら、高齢者が地域活動の担い手として、役割や生きがいを持てる地域社会の構築を行う。

（2）持続可能な介護保険制度の運営

介護保険制度については、高齢者が尊厳を保持し、その有する能力に応じ自立した日常生活を営むことができるよう、必要な保健医療福祉サービスを行う制度として定着しており、着実な実施を図るとともに、今後の人口動態の変化等を踏まえ、地域住民が可能な限り、住み慣れた地域で介護サービスを継続的・一体的に受けることのできる体制（地域包括ケアシステム）の構築により、持続可能な制度としての更なる充実を図る。地域包括ケアシステムを深化・推進するため、全市町村が保険者機能を発揮し、自立支援・重度化

防止等に向けて取り組む仕組みの制度化等が盛り込まれた地域包括ケア強化法[5]の着実な施行に取り組む。

（3）介護サービスの充実（介護離職ゼロの実現）

ア　必要な介護サービスの確保

地方公共団体における介護保険事業計画等の状況を踏まえ、要介護高齢者の需要に応じた良質な介護サービス基盤の計画的な整備を進めるとともに、地域包括ケアシステムの構築を目指す。

このため、介護職員の処遇改善等により人材確保を図るほか、訪問介護、通所介護等の在宅サービスの充実や、認知症対応型共同生活介護事業所、特別養護老人ホーム、老人保健施設などの介護基盤やサービス付きの高齢者向け住宅等の高齢者の住まいの整備などを進める。

また、福祉用具・住宅改修の適切な普及・活用の促進を図る。あわせて、介護労働者の雇用管理の改善、公共職業安定所及び民間による労働力需給調整機能の向上などを図る。

イ　介護サービスの質の向上

高齢者介護サービスを担う介護支援専門員、訪問介護員、介護福祉士等の資質の向上を図るとともに、利用者が介護サービスを適切に選択し、良質なサービスを利用できるよう、情報通信等を活用した事業者の情報公開等を進める。介護職員の負担軽減のため、介護の職場における一層のICT化の推進を図る。

また、高齢者の尊厳の保持を図る観点か

ら、特別養護老人ホームの個室ユニット化を進めるとともに、介護従事者等による高齢者虐待の防止に向けた取組を推進する。

ウ　地域における包括的かつ持続的な在宅医療・介護の提供

医療ニーズ及び介護ニーズを併せ持つ高齢者の増加に対応するため、地域において包括的かつ持続的に在宅医療及び介護が提供できるよう、医療・介護関係者の連携を推進するための体制の整備を図る。市町村が主体となり、医療と介護の関係団体と連携しながら、在宅医療と介護の関係者の連携を推進する事業に取り組むとともに、都道府県においては市町村支援を推進することによって、医療と介護の連携を推進する。

エ　介護と仕事の両立支援

家族の介護を理由とした離職を防止するため、「ニッポン一億総活躍プラン」（平成28年6月2日閣議決定）を強力に推進し、介護休業を取得しやすく職場復帰しやすい環境づくりや、介護をしながら働き続けやすい環境の整備などを進め、仕事と介護を両立することができる雇用・就業環境の整備を図る。

（4）持続可能な高齢者医療制度の運営

後期高齢者医療制度においては、後期高齢者支援金に対する全面総報酬割の導入に加え、制度の持続可能性を高めるため、70歳以上の高額療養費の上限額等の段階的な見直しを進める。

後期高齢者の窓口負担の在り方について、「経済・財政再生計画改革工程表2017改定版」（平成29年12月21日経済財政諮問会議決定）

---

[5] 地域包括ケアシステムの強化のための介護保険法等の一部を改正する法律（平成29年法律第52号）

に沿って、70歳から74歳の窓口負担の段階的な引上げの実施状況等も踏まえ、関係審議会等において検討を進める。

（5）認知症高齢者支援施策の推進

　高齢化の進展に伴い更に増加が見込まれる認知症高齢者やその介護を行う家族等への支援を図るため、「認知症施策推進総合戦略（新オレンジプラン）」（平成27年1月27日策定、平成29年7月改定）を踏まえ、認知症への理解を深めるための普及啓発や認知症の容態に応じた適時・適切な医療・介護等が提供される循環型の仕組みを構築するために認知症初期集中支援チームの設置及び認知症疾患医療センターの整備等の施策を推進するとともに、認知症の人の介護者への支援や認知症の人を含む高齢者にやさしい地域づくりの取組を推進する。

（6）人生の最終段階における医療の在り方

　人生の最終段階における医療は、患者・家族に適切な情報が提供された上で、これに基づいて患者が医療従事者と話し合いを行い、患者本人の意思決定を基本として行われることが重要である。このため、患者の相談に適切に対応できる人材の育成等による体制整備を行うとともに、国民向けの情報提供・普及啓発を推進する。

（7）住民等を中心とした地域の支え合いの仕組み作りの促進

　一人暮らしの高齢者等が住み慣れた地域において、社会から孤立することなく継続して安心した生活を営むことができるような体制整備を推進するため、民生委員、ボランティア、民間事業者等と行政との連携により、支援が必要な高齢者等の地域生活を支えるための地域づくりを進める各種施策を推進していく。

　地域住民が主体となって、住民相互の支え合いの仕組み作りを促進するため、福祉の各分野における共通して取り組むべき事項や福祉サービスの適切な利用の推進、社会福祉を目的とする事業の健全な発達、地域福祉活動への住民参加の促進、要援護者に係る情報の把握・共有・安否確認等の方法等を盛り込んだ地域福祉計画を策定するよう、都道府県と連携し、未策定の市町村へ働きかけを進める。

　制度・分野ごとの「縦割り」や「支え手」「受け手」という関係、また、社会保障の枠を超えて、地域の住民や多様な主体が支え合い、住民一人一人の暮らしと生きがい、そして、地域を共に創っていく「地域共生社会」の実現を目指し、地域住民や福祉事業者、行政などが協働し、公的な体制による支援とあいまって、個人や世帯が抱える地域生活課題を解決していく包括的な支援体制の構築等を進める。

3　学習・社会参加

　高齢社会においては、価値観が多様化する中で、学習活動や社会参加活動を通じての心の豊かさや生きがいの充足の機会が求められるとともに、就業を継続したり日常生活を送ったりする上でも社会の変化に対応して絶えず新たな知識や技術を習得する機会が必要とされる。また、一人暮らし高齢者の増加も背景に、地域社会において多世代が交流することの意義が再認識されている。

　このため、高齢者が就業の場や地域社会において活躍できるよう高齢期の学びを支援す

る。さらに、高齢者を含めた全ての人々が、生涯にわたって学習活動を行うことができるよう、学校や社会における多様な学習機会の提供を図り、その成果の適切な評価の促進や地域活動の場での活用を図る。

また、高齢化する我が国社会の持続可能性を高めるには全ての世代による支え合いが必要であることから、義務教育を含め、生涯を通じて社会保障に関する教育等を進め、若い世代を含む全世代が高齢社会を理解する力を養う。

さらに、ボランティア活動やNPO活動等を通じた社会参加の機会は、生きがい、健康維持、孤立防止等につながるとともに、福祉に厚みを加えるなど地域社会に貢献し、世代間、世代内の人々の交流を深めて世代間交流や相互扶助の意識を醸成するものであることから、こうした活動の推進や参画支援を図る。

（1）学習活動の促進

ア　学校における多様な学習機会の提供

初等中等教育段階においては、地域等との連携を図りつつ、ボランティア活動など社会奉仕体験活動等による高齢者との交流等を通じて、介護・福祉などの高齢社会に関する課題や高齢者に対する理解を深める。あわせて、学校教育全体を通じて、生涯にわたって自ら学び、社会に参画するための基盤となる能力や態度を養う。

また、大学等の高等教育機関においては、高齢者を含めた社会人に対する多様な学び直しの機会の提供を図るため、社会人入試の実施、通信制大学・大学院の設置、公開講座、科目等履修生制度や履修証明制度の活用などに取り組むとともに、専修学校の

実践的な職業教育における単位制・通信制の制度を活用した取組の支援、放送大学の学習環境の整備・充実を図る。

さらに、地域住民を対象とする開放講座の開催、余裕教室を活用した社会教育の実施など学校の教育機能や施設の開放を促進する。

イ　社会における多様な学習機会の提供

多様化・高度化する国民の学習ニーズに対応するため、民間事業者の健全な発展の促進を図るとともに、先進的な学習プログラムの普及促進や公民館等の社会教育施設における多様な学習機会の提供、公民館等を中心とした地域におけるネットワーク形成の推進等、社会教育の充実を図る。そのほか、美術館等における文化活動の推進、スポーツの振興、国立公園等における自然とふれあう機会の提供などにより、ICTも活用しつつ、生涯にわたる多様な学習機会の提供を図る。

ウ　社会保障等の理解促進

平成29年3月に公示した中学校学習指導要領社会科に「少子高齢社会における社会保障の充実・安定化」の意義を理解することが明記されたことを踏まえ、その周知を学校等に行う。また、教職員向けの研修会の実施や、教員にとって使いやすい資料の提供などを通じて、教育現場における社会保障に関する教育の普及促進を図る。

また、マイナンバー制度については、より公平・公正な社会保障制度や税制の基盤であるとともに、情報社会のインフラとして、国民の利便性向上や行政効率化に資するものであることから、一般国民向け広報と、民間事業者向け広報を総合的に展開し、理解促進を図る。

さらに、老後資産の確保の観点から、若年期から金融リテラシーを習得できるよう、企業型確定拠出年金の継続投資教育を適切に進めるとともに、個人型確定拠出年金（iDeCo）制度やつみたて NISA 等の導入も踏まえ、勤労世代にとって身近な場である職場を通じた投資教育の推進を図る。

エ　ICT リテラシーの向上

今後、AI、IoT（Internet of Things）を活用した ICT が日常生活を始めあらゆる社会基盤として更に進化していくことが想定される。高齢者が豊かな生活を享受できるように、高齢者のそれぞれの状況に応じた ICT 利活用に関するサポート体制の整備を促進する。

オ　ライフステージに応じた消費者教育の取組の促進

「消費者教育の推進に関する基本的な方針」（平成25年6月28日閣議決定）を踏まえ、消費者及び消費者教育の推進に従事する者が取り組むべき消費者教育の意義や目標を理解できるよう、「消費者教育のイメージマップ」なども参考にしながら、高齢者向けの学習目標を整理し、「見える化」を図る。年齢、個人差、生活状況の違いに配慮した消費者教育・啓発の取組を促進する。

（2）社会参加活動の促進

ア　多世代による社会参加活動の促進

活力ある地域社会の形成を図るとともに、高齢者が年齢や性別にとらわれることなく、他の世代とともに社会の重要な一員として、生きがいを持って活躍したり、学習成果をいかしたりできるよう、高齢者の社会参加活動を促進する。

このため、ICT 等も活用して、高齢者の情報取得の支援を行うとともに、地域学校協働活動など地域社会における高齢者を含む地域住民が活躍できる機会の充実等を通じて、世代間交流を促進し、ボランティア活動を始めとする多世代による自主的な社会参加活動を支援する。そのほか、高齢者の社会参加活動に関する広報・啓発、情報提供・相談体制の整備、指導者養成などを図る。

さらに、高齢者の利用に配慮した余暇関連施設の整備、既存施設の有効活用、利用情報の提供、字幕放送等の充実などにより、高齢期においてもレクリエーション、観光、趣味、文化活動等で充実した時間を過ごせる環境を整備する。

イ　市民や NPO 等の担い手の活動環境の整備

高齢者のボランティア活動や NPO 活動等を通じた社会参加の機会につながる NPO 等の活動環境を整備するため、特定非営利活動促進法[6] の適切な運用を推進する。

また、高齢者等の能力を広く海外において活用するため、高齢者、退職者等の専門的知識・技術を海外技術協力に活用した事業を推進する。

4　生活環境

高齢者の居住の安定確保に向け、高齢者向け住宅の供給を促進し、重層的かつ柔軟な住宅セーフティネットの構築を目指すとともに、住み慣れた地域の中で住み替えの見通しを得

[6] 特定非営利活動促進法（平成10年法律第7号）

やすいような環境整備を進める。また、高齢者のニーズを踏まえ将来にわたり活用される良質な住宅の供給を促進し、併せて、戸建てや共同住宅の特性の違いにも留意しつつ、それらが適切に評価、循環利用される環境を整備することを通じ、生涯にわたって豊かで安定した住生活の確保を図るとともに、高齢者が保有する住宅の資産価値を高め、高齢期の経済的自立に資するとともに、その資産の次世代への適切な継承を図る。

　地域における多世代間の理解や助け合いを行える地域コミュニティづくりを推進する。地域公共交通ネットワークを再構築するとともに、福祉・医療等の生活機能や人々の居住をまちなかや公共交通沿線に立地誘導し、徒歩や公共交通で移動しやすい環境を実現するため、コンパクト・プラス・ネットワークを推進する。また、快適な都市環境の形成のために水と緑の創出等を図るとともに、活力ある農山漁村の再生のため、高齢化の状況や社会的・経済的特性に配慮しつつ、生活環境の整備等を推進する。

　高齢者を含む全ての世代の人が安全・安心に生活し、社会参加できるよう、住宅等から交通機関、まちなかまでハード・ソフト両面にわたり連続したバリアフリー環境の整備を推進する。2020年東京オリンピック・パラリンピック競技大会の開催も視野に取組を進める。

　関係機関の効果的な連携の下に、地域住民の協力を得て、災害から高齢者を守るとともに、高齢者が交通事故や犯罪の当事者となることを防止し、高齢者が安全に生活できる環境の形成を図る。また、成年後見制度が一層利用されるように環境整備を図る。

（1）豊かで安定した住生活の確保

ア　次世代へ継承可能な良質な住宅の供給促進

　高齢者等全ての人にとって安全・安心で豊かな住生活を支える生活環境の構築に向け、住宅の安全性、耐久性、快適性、エネルギーの使用の効率性その他の住宅の品質又は性能の維持及び向上により、良質な住宅ストックの形成を図る。また、若年期からの持家の計画的な取得への支援等を引き続き推進する。

イ　循環型の住宅市場の実現

　良質な既存住宅の資産価値が適正に評価され、その流通が円滑に行われるとともに、国民の居住ニーズと住宅ストックのミスマッチが解消される循環型の住宅市場の実現を目指し、建物状況調査・保証、住宅履歴情報の普及促進等を行うことで、既存住宅流通・リフォーム市場の環境整備を進める。

　また、高齢者が有する比較的広い住宅を、子育て世帯等向けの賃貸住宅として活用するための住み替えを支援する。

ウ　高齢者の居住の安定確保

　高齢者が、地域において安全・安心で快適な住生活を営むことができるよう、サービス付きの高齢者向け住宅の供給等により、住宅のバリアフリー化や見守り支援等のハード・ソフト両面の取組を促進する。また、民間事業者等との協働により、公的賃貸住宅団地等の改修・建替えに併せた福祉施設等の設置を促進する。

　公的保証による民間金融機関のバックアップなどによりリバースモーゲージの普及を図り、高齢者の住み替え等の住生活関連資金を確保する。

さらに、一人暮らし高齢者が増加する中、高齢者が、その特性に応じて適切な住宅を確保できるよう、改正住宅セーフティネット法[7]に基づき、民間賃貸住宅等の空き室や空き家を活用した、高齢者等の住宅確保要配慮者向け賃貸住宅の供給を促進する。加えて、民間賃貸住宅への円滑な入居を促進するため、地方公共団体、宅地建物取引業者、賃貸住宅管理業者、居住支援を行う団体等から構成される居住支援協議会について、市区町村による設置や都道府県の協議会への参画を促進するとともに、居住支援協議会や改正住宅セーフティネット法に基づく居住支援法人に対する支援を行い、住み慣れた地域の中で住み替えの見通しを得やすいような環境整備にも留意しつつ、民間賃貸住宅に関する情報の提供や必要な相談体制の整備等を図る。

(2) 高齢社会に適したまちづくりの総合的推進

ア 多世代に配慮したまちづくり・地域づくりの総合的推進

高齢者等全ての人が安全・安心に生活し、社会参加できるよう、自宅から交通機関、まちなかまでハード・ソフト両面にわたり連続したバリアフリー環境の整備を推進するとともに、医療・福祉・商業等の生活サービス機能や居住の誘導・整備による都市のコンパクト化と公共交通網の再構築を始めとする周辺等の交通ネットワーク形成を行うことにより、高齢者や子育て世代にとって安心して暮らせる健康で快適な生活環境を実現する。

交通システムについては、超小型モビリティ等、先進技術等を活用し、高齢者や子育て世代等の住生活や移動を支援する機器等の開発導入を促進するとともに、新しい交通システムの普及に向けた取組を図る。

また、誰もが身近に自然に触れ合える快適な都市環境の形成を図るため、都市公園等の計画的な整備を行う。

さらに、中高年齢者が希望に応じて地方やまちなかに移り住み、多世代の地域住民と交流しながら、健康でアクティブな生活を送り、必要な医療・介護を受けられるような、「生涯活躍のまち」づくりを進める。こうした取組と併せ、地域における多世代間の理解や助け合いを行える地域コミュニティづくりを推進する。

イ 公共交通機関等の移動空間のバリアフリー化

高齢者や障害者等も含め、誰もが屋内外をストレス無く自由に活動できるユニバーサル社会の構築に向け、ICTを活用した歩行者移動支援の普及促進を図る。

駅等の旅客施設における段差解消等高齢者を含む全ての人の利用に配慮した施設・車両の整備の促進などにより公共交通機関のバリアフリー化を図る。

また、駅、官公庁施設、病院等を結ぶ道路や駅前広場等において、幅の広い歩道等の整備や歩道の段差・傾斜・勾配の改善、無電柱化等により歩行空間のユニバーサルデザインを推進する。

さらに、高齢者が安全・安心に外出できる交通社会の形成を図る観点から、限られた道路空間を有効活用する再構築の推進等

[7] 住宅確保要配慮者に対する賃貸住宅の供給の促進に関する法律の一部を改正する法律（平成29年法律第24号）

により安全で安心な歩行空間が確保された人優先の道路交通環境整備の強化を図るとともに、高齢者が道路を安全に横断でき、また、安心して自動車を運転し外出できるよう、バリアフリー対応型の信号機や、見やすく分かりやすい道路標識等の整備を進める。

ウ　建築物・公共施設等のバリアフリー化

病院、劇場等の公共性の高い建築物のバリアフリー化の推進を図るとともに、窓口業務を行う官署が入居する官庁施設について、高齢者を始め全ての人が、安全・安心、円滑かつ快適に利用できる施設を目指した整備を推進する。

また、誰もが安全・安心に都市公園を利用できるよう、バリアフリー化を推進する。

エ　活力ある農山漁村の再生

活力ある農山漁村の再生を図るため、意欲ある多様な農林漁業者の育成・確保を推進することはもとより、高齢者が農林水産業等の生産活動、地域社会活動等で能力を十分に発揮できる条件を整備するとともに、高齢者が安心して快適に暮らせるよう、地域特性を踏まえた生活環境の整備を推進する。さらに、活力ある開かれた地域社会を形成する観点から、都市と農山漁村の交流等を推進する。

（3）交通安全の確保と犯罪、災害等からの保護

ア　交通安全の確保

高齢者に配慮した交通安全施設等の整備、参加・体験・実践型の交通安全教育の推進、認知機能検査及び高齢者講習の実施、運転適性相談の充実、運転免許証を返納した者の支援のための取組の促進、高齢者交

通安全教育指導員（シルバーリーダー）の養成、各種の普及啓発活動の推進等により、高齢者への交通安全意識の普及徹底、高齢者の交通事故の防止を図る。

特に高齢運転者による交通事故防止については、「高齢運転者による交通事故防止対策について」（平成29年7月7日交通対策本部決定）に基づき、改正道路交通法[8]の円滑な施行、高齢者の移動手段の確保など社会全体で生活を支える体制の整備並びに運転免許制度の更なる見直しの検討、安全運転サポート車の普及啓発及び高速道路における逆走対策の一層の推進など高齢運転者の特性も踏まえた更なる対策を政府一体となって推進する。

生活道路において科学的データや地域の顕在化したニーズ等に基づき通過交通の排除や車両速度の抑制等の対策により高齢者等が安心して通行できる道路空間の確保を図る生活道路対策を、国、地方公共団体、地域住民等の連携により推進する。

さらに、自転車道や自転車専用通行帯、自転車の通行位置を示した道路等の自転車走行空間ネットワークの整備により、自転車利用環境の総合的な整備を推進するとともに、踏切道の歩行者対策では、「踏切安全通行カルテ」により踏切道の現状を「見える化」しつつ、踏切道改良促進法[9]に基づき、高齢者等の通行の安全対策を推進する。

イ　犯罪、人権侵害、悪質商法等からの保護

振り込め詐欺を始めとする特殊詐欺等の高齢者が被害に遭いやすい犯罪、認知症等によるはいかいに伴う危険、悪質商法等か

[8] 道路交通法の一部を改正する法律（平成27年法律第40号）
[9] 踏切道改良促進法（昭和36年法律第195号）

ら高齢者を保護するため、各種施策を推進する。

　また、改正消費者安全法[10]に基づき、高齢消費者等への見守り活動を行うため、消費者安全確保地域協議会（見守りネットワーク）の設置を推進するとともに、身近な消費生活相談窓口につながる共通の3桁電話番号「消費者ホットライン188」の周知を進め、利用促進を図る。

　さらに、要介護等の高齢者に対する家庭や施設における虐待等の人権侵害については、高齢者の人権に関する啓発、人権相談及び人権侵犯事件の調査・処理を通じ、その予防及び被害の救済に努める。

ウ　防災施策の推進

　　災害においては、高齢者など要配慮者が被害を受けやすいことを踏まえ、避難行動要支援者名簿に関する取組を促進する等、防災施策の推進を図る。

（4）成年後見制度の利用促進

　成年被後見人等の財産管理のみならず意思決定支援・身上保護も重視した適切な支援につながるよう、「成年後見制度利用促進基本計画」（平成29年3月24日閣議決定）に沿って、成年後見制度の利用促進に関する施策を総合的・計画的に推進する。特に全国どの地域においても必要な人が成年後見制度を利用できるよう、判断能力が不十分な高齢者等の権利を擁護する制度であることの周知を図るとともに、各地域において、権利擁護支援の地域連携ネットワークの構築を段階的・計画的に図る。あわせて、成年被後見人等の権利に係る制限が設けられている制度（いわゆる欠格

条項）について検討を加え、必要な見直しを行う。

5　研究開発・国際社会への貢献等

　先進技術を生活の質の向上に活用することは、高齢者の豊かな生活につながるとともに、新たな技術に対する需要・消費を生み出し、技術活用の好循環を生み出す。高齢社会と技術革新がお互いに好影響を与える関係づくりを推進する。

　科学技術の研究開発は、高齢化に伴う課題の解決に大きく寄与するものであることから、高齢者に特有の疾病及び健康増進に関する調査研究、高齢者の利用に配慮した福祉用具、生活用品、情報通信機器等の研究開発等を推進するとともに、そのために必要な基盤の整備を図る。また、高齢社会の現状やニーズを適切に把握して施策の検討に反映できるよう、ビッグデータ分析など、データ等の活用についても環境整備を図る。

　世界でも急速な高齢化に直面している国が増加していることから、我が国の高齢社会対策の知見や研究開発成果を国際社会に発信し、各国がより良い高齢社会を作ることに政府のみならず、学術面や産業面からも貢献できるよう環境整備を行う。あわせて、高齢社会の課題を諸外国と共有し、連携して取組を進める。

（1）先進技術の活用及び高齢者向け市場の活性化

　健康立国の構築に向けて、認知症、虚弱（フレイル）等の健康課題や生活環境等に起因・関連する課題に対し、「第5期科学技術

---

[10] 不当景品類及び不当表示防止法等の一部を改正する等の法律（平成26年法律第71号）

基本計画」（平成28年1月22日閣議決定）で提唱したSociety 5.0の実現を目指す一環として、最先端科学技術を活用・実装すること等により、これらの課題解決に取り組む。

また、第四次産業革命と呼ぶべきIoT、ビッグデータ、AI等の技術革新を的確に捉え、コネクテッド・インダストリーズ[11]を実現することにより、高齢化、人口減少等の社会問題を解決する。この中で、健康寿命の延伸、移動革命の実現、サプライチェーンの次世代化、快適なインフラ・まちづくり、フィンテック等の分野における未来投資を促進する。

高齢社会対策における科学技術活用については、「科学技術イノベーション総合戦略」における重要施策として、継続的に取り組んでいく。

介護ロボットについては、自立支援等による高齢者の生活の質の維持・向上と介護者の負担軽減を実現するため、現場のニーズを真にくみ取った開発等を促進する。

75歳以上の運転免許保有者数当たりの死亡事故件数は他の年齢層によるものと比べて高水準である一方で、高齢者等の移動困難者の移動手段を確保する必要があること、また、今後人口減少が見込まれる中、過疎地域等地方における移動手段の確保や、ドライバー不足への対応等が喫緊の課題であることを踏まえ、高齢者等の安全快適な移動に資するTSPS（信号情報活用運転支援システム）、DSSS（安全運転支援システム）、ETC2.0等のITS（高度道路交通システム）の研究開発及びサービス展開を実施するとともに、高度自動運転システムの開発や、地方、高齢者等

向けの無人自動運転移動サービス実現に取り組む。

こうした取組を通じて、高齢者の豊かな生活を実現するとともに、高齢者向け市場の活性化を図る。

（2）研究開発等の推進と基盤整備

ア　高齢者に特有の疾病及び健康増進に関する調査研究等

認知症等高齢期にかかりやすい疾患や、がん等高齢期の主要な死因である疾患について、その病態や発症機序解明等の研究とともに、ゲノム科学など先端科学技術の活用等による、新たな医療技術・新薬の研究開発やその成果の臨床応用のための研究、これらによる効果的な保健医療技術を確立するための研究等を推進する。

また、QOL（クオリティ・オブ・ライフ：生活の質）の観点を含めた高齢のがん患者に適した治療法等を確立する研究を進める。さらに、老化に関する基礎研究とその成果の臨床応用のための研究や効果的・効率的な介護等に関する研究、社会生活を営むための必要な機能の維持を重視する観点から高齢期というライフステージに着目した健康づくりに関する研究及び加齢に伴い有病率が高くなる生活習慣病の予防・重症化予防に関する調査研究等健康づくりに関する研究などを推進する。

イ　医療・リハビリ・介護関連機器等に関する研究開発

高齢者の自立及び社会参加を支援するとともに、介護負担を軽減する観点から、高齢者の特性等を踏まえつつ、ものづくり技

[11] コネクテッド・インダストリーズ（Connected Industries）は、人、モノ、技術、機械等、様々なものがデータを介し組織や国境を超えてつながることで、我が国産業のあるべき姿を示すコンセプト

術を活用した医療機器、世界最先端の革新的な医療機器、高齢者に特徴的な疾病等の治療や検査用の医療機器、在宅でも操作しやすい医療機器、身体機能の補完・回復等につながるリハビリ機器、日常生活の便宜を図るための介護関連機器等の研究開発・実用化を推進する。

ウ　情報通信の活用等に関する研究開発

　　高齢者の生活の質の向上や介護者の負担軽減を図るため、ICTを活用した高齢者の身体機能を代償する技術及び自立支援や生活支援を行う技術等について、ハード及びソフトの両面から研究開発を推進する。

エ　高齢社会対策の総合的な推進のための調査分析

　　大綱の基本的考え方や高齢社会対策基本法に規定された分野別施策について国民の意識を把握するとともに、政策課題を把握し、エビデンスに基づく高齢社会対策の政策立案に寄与するための調査を行う。

　　また、高齢期にもその年齢層によって、就業率、所得、社会活動意識など、様々な点で差異が見られることに留意し、統計や制度の利用目的が適切に果たされるよう、高齢期を65歳以上と一律に捉えずに、70歳、75歳、80歳など、年齢区分を細分化して現状分析をきめ細かく行うなど、目的に応じた年齢区分の使用を推進する。

オ　データ等活用のための環境整備

　　急速な人口構造の変化等に伴う諸課題に対応するため、「世界最先端IT国家創造宣言・官民データ活用推進基本計画」（平成29年5月30日閣議決定）に基づき、官民データの利活用を推進する。また、ユーザーからの統計等データの提供要請に速やかに個別府省が対応可能となるように各府省が統

計等データの提供等の判断を行うに当たっての基本的なガイドラインを定めるなど、「統計改革推進会議最終取りまとめ」（平成29年5月19日統計改革推進会議決定）に基づき、ユーザー視点に立った統計システムの再構築と利活用の促進を図る。

（3）諸外国との知見や課題の共有

ア　日本の知見の国際社会への展開

　　「健康・医療戦略」（平成26年7月22日閣議決定、平成29年2月17日一部変更）に基づき、関係機関と関係府省が一体となり、新興国・途上国等のニーズに応じて日本の医薬品、医療機器等及び医療・介護技術並びに医療・介護サービスの国際展開を図る。

　　また、「健康・医療戦略」の下、アジア健康構想を推進し、アジアにおける健康長寿社会の実現及び持続的な経済成長を目指すため、日本で介護を学び業務に従事するアジアの人材の拡大と、人材の帰国後の職場ともなる日本の介護事業者のアジア展開を含め、アジア諸国での介護産業の振興を車の両輪として推進する。

　　また、開発途上国における高齢化対策や社会保障制度整備の支援、専門家の派遣、研修の受入れ等を実施する。

イ　国際社会での課題の共有及び連携強化

　　各分野における閣僚級国際会議等の二国間・多国間の枠組みや2020年東京オリンピック・パラリンピック競技大会を始めとした国際行事を通じて、世界で最も高齢化が進んでいる日本の経験や知見及び課題を発信するとともに、高齢社会に伴う課題の解決に向けて諸外国と政策対話や取組を進めていく。

特に、具体的な取組に関心のある国においては、アジア健康構想の下、予防・リハビリテーション・自立支援など、我が国が培ってきた様々な高齢者施策の知見・経験を相手国の実情とニーズに見合う形で紹介するとともに、政策対話を実施し、当該相手国との連携体制の構築を推進する。

6　全ての世代の活躍推進

高齢社会に暮らす全ての世代の人々が安心して幸せに暮らせるよう、人々が若年期から計画的に高齢期に向けた備えを進めるとともに、各世代が特有の強みをいかしながら多世代のつながりを醸成し、全ての世代の人々が高齢社会での役割を担いながら、積極的に参画する社会を構築するための施策を推進する。

（1）全ての世代の活躍推進

少子高齢化の流れに歯止めをかけ、女性も男性も、お年寄りも若者も、一度失敗を経験した方も、障害や難病のある方も、家庭で、職場で、地域で、あらゆる場で、誰もが活躍できる一億総活躍社会の実現に向けて、「ニッポン一億総活躍プラン」（平成28年6月2日閣議決定）に基づく取組を推進する。特に、働き方については、一人一人の意思や能力、個々の事情に応じた多様で柔軟な働き方を選択できるよう、「働き方改革実行計画」（平成29年3月28日働き方改革実現会議決定）を推進する。また、「新しい経済政策パッケージ」（平成29年12月8日閣議決定）に基づき、人生100年時代を見据えた人づくり革命と生産性革命に取り組んでいく。

総合的かつ長期的な少子化に対処するための施策の指針である「少子化社会対策大綱」（平成27年3月20日閣議決定）に基づき、結婚、妊娠・出産、子育ての各段階に応じた切れ目のない取組を推進する。

女性も男性も全ての個人が、その個性と能力を十分に発揮できる男女共同参画社会の実現は、少子高齢化が進み、人口減少社会に突入した我が国社会にとって、社会の多様性と活力を高め、我が国経済が力強く発展していく観点から極めて重要である。このため、「第4次男女共同参画基本計画」（平成27年12月25日閣議決定）に基づくあらゆる取組を着実に推進していく。

第3　推進体制等

1　推進体制

高齢社会対策を総合的に推進するため、高齢社会対策会議において、本大綱のフォローアップ、国会への年次報告の案の作成等重要事項の審議等を行うものとする。

2　推進に当たっての留意事項

高齢社会対策の推進に当たっては、65歳以上を一律に「高齢者」と見る一般的な傾向が現実的なものでなくなりつつあることを踏まえ、70歳やそれ以降でも個々人の意欲・能力に応じた力を発揮できる社会環境づくりを推進するとの基本方針に立って、以下の点に留意するものとする。

(1) 内閣府、厚生労働省その他の地方公共団体を含む関係行政機関の間に緊密な連携・協力を図るとともに、施策相互間の十分な調整を図ること。

(2) 本大綱を実効性のあるものとするため、各分野において「数値目標」及び「参照指標」

を示すこと。また、政策評価、情報公開等の推進により、効率的かつ国民に信頼される施策を推進すること。

(3)「数値目標」とは、高齢社会対策として分野別の各施策を計画的かつ効果的に進めていくに当たっての目標として示すものであること。短期的な中間目標として示すものについては、その時点の達成状況を踏まえ、一層の進捗を図ること。「参照指標」とは、我が国の高齢社会の状況や政策の進捗を把握し、課題の抽出、政策への反映により、状況の改善、展開を図るためのものであること。

(4) エビデンスに基づく政策形成の推進を図ること。このため、高齢化の状況及び高齢社会対策に係る情報の収集・分析・評価を行うとともに、これらの情報を国民に提供するために必要な体制の整備を図ること。

(5) 高齢社会対策の推進について広く国民の意見の反映に努めるとともに、国民の理解と協力を得るため、効果的な広報、啓発及び教育を実施すること。

3 大綱の見直し

本大綱については、政府の高齢社会対策の中長期的な指針としての性格に鑑み、経済社会情勢の変化等を踏まえておおむね5年を目途に必要があると認めるときに、見直しを行うものとする。

【用語等索引】

【調査名索引】

※内閣府　高齢社会対策ホームページ
https://www8.cao.go.jp/kourei/index.html

高 齢 社 会 白 書 （令和4年版）

令和4年7月29日　発行

編　　集	内　　閣　　府	
	〒100-8914	
	東京都千代田区永田町1 - 6 - 1	
	TEL 03 (5253) 2111 (代表)	
発　　行	株 式 会 社 サ ン ワ	
	〒102-0072	
	東京都千代田区飯田橋2 - 11 - 8	
	TEL 03 (3265) 1816	
発　　売	全国官報販売協同組合	
	〒100-0013	
	東京都千代田区霞が関1 - 4 - 1	
	TEL 03 (5512) 7400	

ISBN978-4-9909712-5-0